à t

Dans l'*ABC de la danse*, situé à la fin du livre,
tu trouveras la définition des termes appartenant
au vocabulaire de la danse classique.

Traduit de l'anglais par Katerina Zibeline

Pour Hannah Powell, qui adore danser. – A. M.

Je remercie tout particulièrement Sue Mongredien.

ISBN : 2-07-057139-4
Titre original : *The Royal Ballet School Diaries*
2. *Lara's Leap of Faith*
Édition originale publiée par Grosset et Dunlap,
une division de Penguin Young Readers Group, New York
Série créée par Working Partners Ltd.
© Working Partners Ltd., 2005, pour le texte
© Éditions Gallimard Jeunesse, 2005, pour la traduction
N° d'édition : 136631
Loi n° 49-956 du 16 juillet 1949
sur les publications destinées à la jeunesse
Dépôt légal : janvier 2006
Imprimé en Espagne par Novoprint (Barcelone)

Alexandra Moss

Danseuse à l'école du Royal Ballet
Premier spectacle

GALLIMARD JEUNESSE

1

Cher Journal,

Ça y est : c'est ma dernière nuit à Oxford. Demain, à la même heure, je serai dans mon nouveau lit... à la Lower School du Royal Ballet ! J'ai du mal à réaliser.

Il s'est passé tellement de choses depuis que, maman et moi, nous avons quitté Chicago l'an dernier. Et dire qu'au début, je n'avais pas envie de venir en Angleterre ! Maintenant, je suis vraiment contente qu'elle ait obtenu ce poste de professeur à l'université d'Oxford. Tout s'est enchaîné à la perfection. Si on m'avait dit un jour que j'entrerais à l'école du Royal Ballet, jamais je ne l'aurais cru. Dans un internat où l'on danse pratiquement du matin au soir : on mange, on dort, on respire, on vit pour la danse ! C'est trop beau pour être vrai.

Et pourtant, voilà, j'ai bouclé ma valise, je suis prête à faire ma rentrée là-bas dès demain !

Un peu stressée... mais folle d'impatience. J'espère que je vais vite me faire des amis. Ça va être affreux de quitter Chloé et Mélissa, mes deux meilleures amies, ici, à Oxford. J'ai du mal à croire que je les connais depuis un an seulement, j'ai l'impression qu'on est amies depuis toujours. Elles vont terriblement me manquer.

Je ferais mieux de dormir un peu. Demain est l'un des plus grands jours de ma vie !

Zut ! Je viens de m'apercevoir que j'avais mis tous mes pyjamas dans ma valise.

Emily Brown leva les yeux vers le majestueux bâtiment blanc devant lequel la voiture venait de s'arrêter : White Lodge, qui abrite la Lower School du Royal Ballet. Située au cœur du parc de Richmond, dans le sud-ouest de Londres, l'école était baignée d'une douce lumière automnale. Le soleil doré se reflétait dans ses immenses fenêtres. C'était magnifique ! Dire que, dorénavant, c'était ici qu'elle allait vivre !

D'après la brochure qu'elle avait lue et relue au

point de la connaître presque par cœur, White Lodge était à l'origine un pavillon de chasse construit pour le roi George II, vers 1720. D'autres rois et reines y avaient également séjourné, y compris la reine Victoria. Emily n'avait aucun mal à les imaginer descendant de leurs voitures à chevaux pour franchir l'imposante porte à double battant.

L'école du Royal Ballet y avait installé une partie de sa formation en 1955. En ce jour de rentrée, l'allée en demi-cercle était bondée de voitures d'où sortaient des flopées de garçons et de filles surexcités, avec de gros sacs sur le dos.

C'était la mère d'Emily et son nouvel ami, Steve, qui l'avaient accompagnée.

– Partez devant, toutes les deux, leur conseilla Steve. Je me charge de la grosse valise.

Emily lui sourit. Finalement, elle était heureuse que sa mère sorte avec lui. Il était tellement gentil… et il sentait toujours quand elle avait envie d'être un peu seule avec sa mère.

Amy Brown descendit de voiture.

– Alors, ma puce, tu me donnes la main pour entrer dans l'école, ou tu as trop honte de ta vieille mère ?

Emily se mit à rire.

– Bon, d'accord, je veux bien que tu me tiennes la main. Mais juste pour cette fois, maman !

Elles empoignèrent chacune un sac et se dirigèrent vers l'entrée du bâtiment. Emily aperçut un garçon qu'elle avait connu au cours juniors. Il paraissait tout gêné que sa mère l'embrasse en public. Et là, descendant d'un taxi, elle reconnut une très jolie fille aux cheveux bruns qui était dans son groupe le jour de l'audition et qui avait dansé à la perfection.

Une femme à l'allure sympathique les attendait sur le perron pour les accueillir.

– Bonjour, je suis Mme Hall, la surveillante du dortoir des filles de sixième, se présenta-t-elle. Comment t'appelles-tu ?

– Emily Brown.

Elle parcourut sa liste du bout du doigt.

– Emily Brown, te voilà, dit-elle en cochant son nom. Ravie de faire ta connaissance, ma grande. Entre et suis les flèches jusqu'au dortoir. De toute façon, les filles font tellement de bruit là-dedans que tu n'auras aucun mal à trouver.

– Merci, répondit Emily.

Elle échangea un regard complice avec sa mère avant de franchir la porte.

Lorsqu'elle pénétra dans le hall d'entrée de l'école, un frisson la parcourut. Pourtant elle était déjà venue pour passer l'audition finale, au printemps, mais la majesté du bâtiment lui coupa une nouvelle fois le souffle. Les immenses fenêtres donnant sur l'allée inondaient le hall de lumière et les murs étaient couverts de photos de danseurs célèbres : Ninette de Valois, la fondatrice du Royal Ballet et de l'école du Royal Ballet, Margot Fonteyn, Rudolf Noureïev, Antoinette Sibley, Sir Anthony Dowell et, pour finir, l'idole d'Emily : Darcey Bussell. De part et d'autre du long comptoir en bois de l'accueil, de magnifiques costumes de ballet et des chaussons de danse étaient exposés dans des vitrines.

– Waouh ! souffla la mère d'Emily. On se croirait dans un musée.

– Oui, c'est vraiment le royaume de la danse, confirma sa fille d'une voix rêveuse.

La tête lui tournait à la pensée que tant de danseurs fabuleux avaient été formés ici avant elle. Et dire qu'elle allait marcher sur leurs pas. Quel défi !

Elles franchirent une autre grande porte pour pénétrer dans un vestibule plus petit d'où partaient différents couloirs et un escalier menant aux étages. Les gens allaient et venaient, semblant tous connaître parfaitement les lieux. Amy Brown se pencha vers sa fille :

— Je me sens déjà perdue. Où Mme Hall nous a-t-elle dit d'aller ?

Mais Emily s'était ruée sur une statue de bronze à quelques mètres de là.

— Regarde, c'est Margot Fonteyn. Je me souviens, on l'avait vue lors de la visite. Il paraît qu'il faut toucher son doigt, ça porte chance ! Viens, maman, fais-le aussi.

En riant, Amy obéit à sa fille. L'index de la statue était tout poli à force d'avoir été touché par des milliers d'élèves, au fil des années.

— Tu n'as pas besoin d'un porte-bonheur, Emily Brown. Tu vas très bien t'en sortir, comme toujours, affirma sa mère, toute fière. Bon, par où va-t-on ?

— Mme Hall a dit de suivre les flèches, répondit Emily en jetant un regard circulaire autour d'elle.

Elle aperçut alors un grand panneau orange désignant l'escalier.

– « Dortoir des filles de sixième. PAR ICI » ! lut-elle.

Elles montèrent donc le grand escalier de pierre qui menait aux étages.

« Tout est gigantesque ici, pensa Emily. Les marches sont larges, les plafonds hauts, les fenêtres immenses… » Elle avait l'impression de se promener dans une grande maison de poupées où sa mère et elle n'auraient été que de minuscules figurines.

– C'est par là, constata Mme Brown en découvrant un autre panneau orange sur le palier du premier étage.

Il y avait des couloirs dans tous les sens, où s'alignaient des dizaines de portes bleues identiques, un vrai labyrinthe. Emily était complètement perdue. Comment allait-elle s'y retrouver ?

Suivant les flèches, elles passèrent dans une petite pièce, meublée d'un piano et d'un canapé – le « boudoir », leur avait-on expliqué lors de la visite, le jour de l'audition –, puis elles arrivèrent au dortoir des filles.

Amy Brown poussa la porte.
– C'est extraordinaire ! s'exclama-t-elle.

Emily hocha la tête, intimidée, en contemplant le dortoir depuis l'entrée. C'était une pièce tout en longueur, en forme de demi-lune, avec de grandes fenêtres le long du mur incurvé. Lorsque la jeune fille l'avait visité le jour de l'audition, les élèves avaient accroché des messages d'encouragement un peu partout, les murs étaient couverts de posters de danseuses. Chaque pensionnaire avait une housse de couette d'une couleur différente et les étagères étaient pleines de livres, de bibelots et de photos.

Aujourd'hui, le dortoir paraissait nu et vide, avec ses lits sans draps et ses étagères désertes. Mais Emily était ravie, elle avait hâte de décorer son coin à elle comme elle l'entendait. Les lits étaient installés sous les fenêtres et répartis en deux groupes, six dans le fond de la pièce et cinq plus près de la porte.

Les six du fond avaient l'air déjà occupés. Quelqu'un avait apporté un poste-CD, il y avait de la musique ! Une fille aux cheveux blonds ondulés accrochait posters et photos au-dessus de son lit. Une maman était en train de sortir un couvre-lit d'un grand sac, tandis qu'une petite sœur courait partout en poussant des cris stridents.

– Grace !

– Emily ! s'écria celle-ci en lui sautant au cou. Ah, enfin quelqu'un qui va s'installer dans cette moitié du dortoir !

– Ça fait plaisir de te revoir ! s'exclama Emily, soulagée de croiser un visage familier.

Les deux amies s'étaient connues au cours juniors qu'elles suivaient un samedi sur deux dans les locaux de l'école du Royal Ballet, en plein cœur de Londres.

– Tu vas être ma voisine, annonça Grace en lui prenant la main. J'ai le lit numéro 3 et toi, le 4.

Emily s'assit sur son lit, qui était juste sous une grande fenêtre. Un rayon de soleil la caressa alors qu'elle découvrait son nouveau cadre de vie.

– Waouh, souffla-t-elle, dorénavant, c'est ma chambre ! Tu as vu ça, maman ?

Elle ne pouvait s'empêcher de penser à sa chambre d'Oxford où il n'y avait qu'un lit et à peine assez de place pour toutes ses affaires. Elle était minuscule comparée à cet immense dortoir qu'elle allait partager avec dix autres filles !

– C'est gigantesque ! murmura sa mère, émerveillée, en levant les yeux vers le plafond.

Elle s'approcha pour regarder par la fenêtre.

– Tu te rends compte, Grace ? fit Emily en secouant la tête, incrédule. Ça y est, on est à l'école du Royal Ballet. Tu as peur, toi aussi ?

Grace acquiesça, glissant une longue mèche de ses cheveux blonds derrière son oreille.

– J'ai une trouille pas possible, avoua-t-elle. J'angoisse, j'ai hâte, je suis contente… tout à la fois.

– Ah, voilà notre porteur ! s'exclama la mère d'Emily en voyant arriver Steve, chargé comme une mule.

Puis elle se tourna vers sa fille :

– Bon, chérie, tu veux qu'on reste un peu pour t'aider à défaire ta valise ou tu préfères qu'on s'en aille ?

Emily hésita. D'un côté, elle avait envie qu'ils restent le plus longtemps possible… et, en même temps, elle était impatiente de commencer sa nouvelle vie.

– Je… je vais le faire moi-même, répondit-elle, d'une voix un peu étranglée, tout à coup.

Sa mère sourit, mais elle avait les yeux brillants de larmes.

– Je vois, tu veux te débarrasser de moi avant que je me mette à pleurer, plaisanta-t-elle en l'attirant dans ses bras.

Emily ne pouvait plus parler ; elle se contenta d'inspirer le parfum de sa mère et la serra fort dans ses bras. Elles avaient vécu si longtemps ensemble… et maintenant elles allaient se retrouver toutes seules.

Enfin, pas vraiment, réalisa Emily. Sa mère aurait Steve et elle, tous les élèves de l'école pour lui tenir compagnie ! Oui, mais… Et si la sclérose en plaques reprenait ? D'accord, elle n'avait pas eu de poussée depuis un certain temps, mais ça pouvait revenir à tout moment.

C'était pour cette raison qu'Emily avait hésité à venir en internat et à la laisser. Mais bien sûr, Amy Brown avait refusé que sa fille abandonne son rêve le plus cher pour elle. Alors, même si Emily s'inquiétait, il fallait qu'elle vive sa vie, c'était ce que sa mère souhaitait.

– Appelle-moi quand tu veux. Même pour rien. Vingt fois par jour, si tu en as envie, poursuivit

Amy d'une voix étouffée, le visage enfoui dans les cheveux de sa fille.

Emily hocha la tête.

— D'accord.

Sa mère l'embrassa une dernière fois puis relâcha son étreinte.

— Je suis tellement fière de toi, ma chérie. Tu vas bien t'amuser ici, je le sais.

— Oui, c'est sûr, confirma Emily, avant de se tourner vers Steve. Au revoir, Steve. Tu prendras bien soin de maman, hein ?

Il la serra dans ses bras.

— Tu peux compter sur moi, Emily, promis.

Et ils partirent. Quand la porte se referma derrière eux, Emily se laissa tomber sur son lit.

— Ça va ? s'inquiéta Grace.

— Oui, oui…, répondit-elle d'un ton évasif.

Tout à coup, elle était angoissée de se retrouver là. Elle avait toujours été tellement proche de sa mère… et voilà qu'elle allait vivre loin d'elle pour la première fois de sa vie. Heureusement, la porte du dortoir se rouvrit et l'arrivée d'une nouvelle lui changea les idées. Il s'agissait de la fille aux cheveux bruns qu'elle avait vue à l'entrée.

– Bonjour, tout le monde, fit-elle d'une voix douce.

Consultant les numéros accrochés aux lits, elle se dirigea vers le 1, qui était contre le mur, et se mit tout de suite à défaire sa valise.

– Bonjour. Je m'appelle Emily et voici Grace.

La fille sourit. Elle était extrêmement jolie avec ses longs cheveux bruns, sa peau dorée et ses grands yeux en amande.

– Moi, c'est Jade. On a passé l'audition ensemble, non ?

– Oui, je me souviens, tu étais vraiment impressionnante, affirma Emily.

Jade rougit.

– J'ai pensé la même chose de toi, reconnut-elle. Enfin, tout le monde dansait tellement bien ! J'ai eu du mal à le croire quand j'ai su que j'étais prise !

– Moi aussi, confirma Emily.

Non seulement la compétition avait été rude, mais elle pensait avoir tout gâché parce qu'elle avait bousculé une autre danseuse pendant l'audition. Lorsqu'elle avait appris qu'elle était reçue, elle n'en revenait pas.

La porte du dortoir s'ouvrit à nouveau pour

laisser entrer une autre fille accompagnée de ses parents.

– Salut, tout le monde ! lança-t-elle gaiement, un grand sourire aux lèvres. Je m'appelle Sophie.

Elle traversa le dortoir comme si elle avait vécu là toute sa vie.

– Lit numéro 2… Ah, voilà !

Elle jeta ses sacs sur son lit, avant de se laisser tomber à côté.

– J'espère qu'aucune de vous ne ronfle, remarqua-t-elle d'un ton taquin.

– Sophie…, protesta sa mère, mais elle ne l'écoutait pas.

– Et il n'y a pas de somnambules, hein ? Personne ne va se lever pour se balader dans le dortoir au beau milieu de la nuit ? Par contre, celles qui parlent dans leur sommeil, ça ne me dérange pas. Surtout si elles dévoilent des secrets inavouables…

– So-phie ! la coupa sa mère, amusée. Je suis désolée pour vous, les filles, ajouta-t-elle en se tournant vers Emily, Grace et Jade. Vous allez devoir supporter cette pipelette. Elle ne fait que parler, parler, parler… Il va falloir vous y faire !

Elles sourirent à Sophie qui quitta son air faussement indigné pour leur rendre leur sourire.

Emily réalisa alors que tous les lits étaient occupés sauf un, le lit numéro 5, juste à côté d'elle. Au même moment, la porte s'ouvrit sur tout un petit groupe : une grande femme aux cheveux roux, très élégante, un homme au visage rond et amical, les bras chargés de sacs, suivi de deux filles qui bavardaient ensemble et d'un petit garçon avec les oreilles décollées et un sourire coquin. Emily reconnut leur accent chantant : ils étaient irlandais !

— Voilà ton lit, annonça la dame en posant une petite valise sur le lit voisin de celui d'Emily.

L'une des deux filles s'avança, un sac de sport sur l'épaule… et Emily reconnut avec horreur celle qu'elle avait malencontreusement bousculée lors de l'audition ! Oh non !

La fille aux cheveux roux sourit en découvrant ses compagnes de chambre.

— Salut, je m'appelle Laura.

Puis son regard tomba sur Emily et ses yeux verts se durcirent.

— Ah… c'est toi, fit-elle d'un ton glacial.

2

Les joues en feu, Emily se leva d'un bond et s'approcha de Laura.

– Euh... oui, je voulais te dire... je suis désolée pour ce qui s'est passé à...

Mais Laura lui avait déjà tourné le dos pour discuter avec ses parents.

« Ça commence bien », se dit Emily, effondrée. D'accord, elle avait fait un faux pas lors de l'audition. Mais puisqu'elles avaient été acceptées toutes les deux, ce n'était sûrement pas si grave. Elle n'avait pas empêché Laura de réussir. En plus, il s'agissait d'un accident, elle n'avait pas fait exprès !

Elle soupira et se retourna vers Grace, Jade et Sophie. Celle-ci venait de dire au revoir à ses parents, mais elle n'avait pas du tout l'air triste. Au contraire, elle paraissait ravie !

– C'est génial ! s'exclama-t-elle en se jetant sur son lit. Papa et maman sont partis, la vraie vie va commencer !

– Tu ne t'entends pas bien avec tes parents ? s'étonna Emily.

Sophie roula sur le côté pour se mettre en appui sur un coude.

– Si ! Pas de problème. Ils sont géniaux. Mais ici, ça va être encore mieux ! Je n'ai qu'un frère et j'ai toujours rêvé d'avoir une sœur. Maintenant, j'en ai dix d'un coup !

Emily sourit, un peu tendue malgré tout. En tant que fille unique, elle avait l'habitude d'avoir sa chambre à elle… et, du jour au lendemain, elle allait devoir la partager avec dix autres filles. Elle se demandait comment ça allait se passer.

Grace se mit à rire.

– Sophie ! Tu es censée dire que c'est un grand honneur de venir étudier à l'école du Royal Ballet et que, dorénavant, tu ne vas vivre que pour la danse !

Sophie fit une moue comique.

– Ah oui, oui, bien sûr, quel honneur !

Elle leva la jambe droite dans les airs pour la passer gracieusement derrière sa tête.

– Pouf… ce n'est pas évident avec un jean !

Jade était en train de suspendre son justaucorps rose pâle dans l'armoire : c'était la tenue des élèves de première année à White Lodge. Elle le caressa du bout des doigts, rêveuse.

– Oh, comme j'ai hâte d'être à lundi pour le mettre et aller danser dans l'un de ces immenses studios. Ça ne me déplaît pas, moi, l'idée de vivre uniquement pour la danse !

Emily ramena ses genoux sous son menton.

– Moi aussi, je suis impatiente de commencer les cours !

– Oui, moi pareil, acquiesça Grace. Hé, vous avez vu notre emploi du temps ? Il est affiché au mur, mais Mme Hall doit nous en distribuer un exemplaire tout à l'heure.

Emily, Jade et Sophie se précipitèrent pour y jeter un coup d'œil. Laura, elle, était encore en train de discuter avec sa famille.

– Waouh ! On a danse tous les matins ! s'exclama Jade. Le rêve !

Emily suivit du doigt la colonne du lundi.

– Et on enchaîne avec… oh non ! maths de onze heures et quart à midi. Puis on déjeune et, après, on

a géographie, théâtre, anglais et pause-friandise…
Pause-friandise ? Qu'est-ce que c'est que ça ?

– Ça veut dire que tu as le droit de piocher dans ta réserve de friandises, je crois, expliqua Sophie. On a chacune une boîte où on met tous nos trucs à grignoter. Moi, dans ma valise, j'ai apporté trois paquets de barres chocolatées, des petits nounours, des chips…

– Il va te falloir une pièce entière pour stocker tout ça. Enfin, si ta boîte est pleine, tu pourras en ranger dans la mienne…, proposa Emily en riant.

Les poings sur les hanches, Sophie répliqua :

– Oh, tu crois m'avoir aussi facilement. Non, non, les bonbons, ça ne se partage pas. Tu es rusée, toi ! Je parie que tu es Scorpion, non ?

Emily sourit.

– Raté, je suis Bélier.

– Cool ! s'écria Sophie, ravie. Je suis Lion, on va bien s'entendre entre signes de feu.

Elle se tourna vers Grace et Jade.

– Et vous ?

– Je suis Vierge, répondit Grace.

– Ah ! Une perfectionniste ! commenta Sophie

en jetant un regard vers son armoire. J'aurais dû le deviner : tu as déjà rangé toutes tes affaires !

— Et moi, je suis Cancer, annonça Jade.

— Comme ma meilleure amie ! s'exclama Sophie. Parfait ! T'inquiète, je serai gentille avec toi, petit crabe sensible.

Pendant que les autres riaient, elle se tourna de nouveau vers l'emploi du temps.

— Bon, et après la pause-friandise, on a fini notre journée ?

Jade secoua la tête.

— Oh que non ! Le lundi, on a danse de caractère, après on dîne et, enfin, on a quartier libre avant d'aller se coucher.

— Pour la danse de caractère, on doit être avec les garçons, remarqua Emily. Ça va être chouette.

Grace fit la grimace.

— J'espère que j'aurai un partenaire à ma taille, cette fois. Tu te souviens, au cours juniors ? Je me retrouvais tout le temps avec Archie Dent, qui fait une tête de moins que moi ! Tu parles d'un couple !

Emily confirma en riant.

— Bon, qu'est-ce qu'on a d'autre ? demanda-t-elle en parcourant l'emploi du temps du bout du doigt.

Piscine le mercredi, gym le jeudi et Dal… Qu'est-ce que c'est que ça, le vendredi, Dalcroze ?

– Je ne vois pas non plus ce que ça peut être. Tu crois qu'il s'agit d'une faute de frappe ?

– Peut-être que c'est le nom de code pour « heure à traîner tranquille au foyer », suggéra Sophie, pleine d'espoir.

– Je crois que c'est un cours de musique, intervint Jade. Il faut danser sur différents rythmes… des trucs comme ça.

– Je vois…, fit Sophie, pas convaincue. Clair comme de l'eau boueuse.

– En tout cas, on a une semaine bien remplie, constata Grace en survolant le reste de l'emploi du temps. On aura bien mérité notre week-end samedi prochain !

Sophie esquissa un saut de chat en revenant vers les lits.

– J'ai l'impression d'être en plein rêve, pas vous ?

– Oh si ! s'exclama Emily en s'asseyant avec Grace sur son lit. Et c'est le plus beau rêve de ma vie !

Jade s'installa à côté de Sophie.

– J'étais déjà en internat avant de venir ici. J'ai

reçu ma réponse de l'école du Royal Ballet à l'heure du déjeuner et j'ai poussé un tel cri que les trois cents filles du réfectoire se sont retournées pour me regarder.

Les autres pouffèrent.

– Et toi ? demanda Sophie en se tournant vers la fille rousse dont la famille venait juste de partir après des embrassades interminables. Tu t'appelles Laura, c'est ça ? Qu'est-ce que tu as ressenti en apprenant que tu étais prise ?

Après une brève hésitation, elle lui sourit.

– Oh, j'étais ravie !

Elle jeta un regard en biais à Emily et ajouta :

– J'avais du mal à y croire, vu ce qui s'était passé à l'audition…

Sophie haussa les sourcils.

– Ah bon ? Pourquoi ça ?

Laura rejeta ses longs cheveux roux en arrière.

– Quelqu'un a essayé de me discréditer devant le jury, affirma-t-elle en lançant à nouveau un regard noir à Emily.

Celle-ci sentit ses joues s'empourprer. Ce n'était pas ainsi que ça s'était passé ! Elle n'avait évidemment pas bousculé Laura volontairement ! Mais si elle allait raconter ça à tout le monde et que les gens la croyaient…

Par chance, Sophie était plus intriguée par l'accent de Laura que par son histoire.

– Eh bien, on dirait qu'on vient des quatre coins du monde ! constata-t-elle. Tu es est irlandaise. Emily, tu dois être américaine, non ?

Elle hocha la tête.

– Je viens de Chicago, mais j'ai emménagé à Oxford l'an dernier.

– Et toi, Jade ? demanda Sophie.

– Ma mère est originaire de Singapour, mon père est irlandais et je suis née en Angleterre.

– Waouh ! siffla Sophie, avant de hausser les épaules. Désolée de vous décevoir, les filles, mais je viens de Manchester. C'est beaucoup moins exotique !

– Et moi, de Basingstoke, ajouta Grace.

– Bon, maintenant que les présentations sont faites, on devrait finir de ranger nos affaires, proposa Jade.

Tout le monde hocha la tête et se plongea dans ses sacs et valises.

Emily ne pouvait s'empêcher de jeter de fréquents coups d'œil à Laura. Il fallait qu'elle arrange les choses, et vite ! C'était affreux d'avoir déjà une ennemie alors qu'elle venait à peine d'arriver à White Lodge. Surtout qu'elles étaient voisines de chambre ! Laura était en train d'accrocher des photos de sa famille au mur.

– Bonne idée ! remarqua Emily. J'en ai apporté aussi. Des photos de vacances... Maman et moi, on est allées en...

– Passionnant ! la coupa sèchement Laura au beau milieu de sa phrase.

Emily referma la bouche, sidérée. Le cœur lourd, elle lui tourna le dos et vida le contenu de sa valise sur son lit.

Son année à l'école du Royal Ballet commençait mal !

– Il est presque une heure, les filles ! annonça la voix chaleureuse de Mme Hall.

Elle passa la tête dans l'embrasure de la porte.

– Avant que nous descendions déjeuner, j'aimerais vous réunir quelques minutes dans le boudoir pour vous présenter la maison.

Emily, Grace et les autres la suivirent dans la petite pièce qui séparait le dortoir du couloir. En plus du canapé et du piano, il y avait des casiers et un panneau de liège.

– Vous devez vous sentir un peu dépassées par les événements, commença-t-elle en souriant, mais vous verrez, vous vous y ferez vite. Bien, je suis sûre que vous avez toutes vu l'emploi du temps que j'ai accroché dans le dortoir. Je vous en donnerai un exemplaire à chacune dans le courant de la journée. Pour ce week-end d'accueil, nous vous avons préparé un programme spécial. Après le déjeuner, vous participerez à une chasse au trésor avec les garçons de sixième. Cela vous aidera à vous familiariser avec les lieux tout en vous amusant, leur expliqua-t-elle.

Emily était ravie. C'était vraiment une bonne idée pour leur faire découvrir l'école !

– Les autres élèves arrivent demain, poursuivit Mme Hall. Vous serez présentées à votre guide dans l'après-midi. Je suppose que vous avez déjà entendu parler de notre système de parrainage ?

Toutes les filles hochèrent la tête. Pour aider les élèves de sixième à s'habituer à leur nouvelle école, chacun se voyait attribuer un « guide » qui était déjà en cinquième et une « marraine » (pour les filles) ou un « parrain » (pour les garçons) de troisième. La guide d'Emily s'appelait Jessica, elle lui avait envoyé une très gentille carte pendant l'été, lui assurant que White Lodge était un endroit formidable et qu'elle allait bien s'amuser. Emily avait vraiment hâte de faire sa connaissance.

Mme Hall leur parla ensuite du règlement de l'école.

– Je vous rappelle que vous n'êtes pas autorisées à sortir de l'établissement sans accompagnateur. Nous vous proposerons d'aller faire des courses ou de partir en sortie le week-end, mais toujours sous la surveillance d'un adulte. C'est très important, je vous en prie, ne vous aventurez pas dehors toutes seules. Quoi d'autre…? Ah oui, le téléphone! Vous avez le droit de posséder un portable, à condition bien sûr de l'éteindre pendant les cours et au moment d'aller vous coucher également. C'est-à-dire à neuf heures en semaine. Pour le linge sale, nous avons mis en place un système de roulements : chacune votre tour, vous vous chargerez d'apporter le linge du dortoir à la buanderie où il sera lavé et repassé.

Elle s'interrompit pour reprendre sa respiration.

– Enfin, je tiens à ce que vous me considériez comme une amie. Je ne peux pas remplacer votre maman, mais si vous avez mal quelque part, que vous avez un souci ou un coup de cafard, n'hésitez pas à venir me trouver. Je dors dans la chambre voisine, juste à côté du boudoir. Et, croyez-moi, je suis ici depuis si longtemps qu'il n'y a pas de problème auquel je ne saurais trouver une solution !

– C'est un défi à relever, alors, plaisanta Sophie, ce qui fit rire tout le monde.

Mme Hall lui sourit.

– Bon, je pense que ça suffit pour aujourd'hui. Nous verrons la suite demain soir, avant que les cours ne commencent. Et si vous avez la moindre question, vous me la poserez à ce moment-là. Mais maintenant… à table !

Les filles accueillirent cette nouvelle avec joie. Emily n'avait pas réalisé à quel point elle était affamée. En plus, elle avait à peine petit-déjeuné ce matin, elle était trop surexcitée !

Elles suivirent leur surveillante hors du boudoir, redescendirent par le grand escalier qui les mena cette fois au sous-sol, dans un long tunnel voûté en brique rouge. Emily et Grace échangèrent un regard complice. Ce tunnel avait quelque chose de mystérieux. Emily avait l'impression de suivre le lapin blanc dans son terrier, comme dans *Alice au pays des merveilles*.

– « Plus bas, encore plus bas, plus bas, toujours plus bas… », chuchota-t-elle à l'oreille de Grace.

Son amie se mit à rire.

– Je pensais exactement à la même chose !

– On y est presque, les rassura Mme Hall en jetant un coup d'œil par-dessus son épaule pour vérifier que tout le monde suivait bien. Voilà, au bout du tunnel, on tourne à gauche… et on est arrivé au réfectoire !

Emily tenta de mémoriser le parcours. « Bon, ça ne doit pas être si difficile que ça. »

– Attention ! ajouta la surveillante. Je vous préviens, il existe deux tunnels de ce genre dans l'école et, au début, tout le monde les confond. Ne vous inquiétez pas, vous vous y ferez vite !

Elle s'écarta pour les laisser entrer dans le self et leur montra une pile de plateaux.

– Servez-vous. Il y a plusieurs plats chauds au choix et un assortiment de crudités un peu plus loin. Sur votre droite, si vous préférez, vous trouverez toujours les pâtes du jour à assaisonner comme vous le souhaitez.

Les filles se munirent d'un plateau et commencèrent à se servir, à la queue leu leu. Emily prit une part de quiche, des pommes de terre nouvelles et un peu de salade.

– Où sont les desserts ? voulut savoir Sophie. C'est tout ce qui m'intéresse. Un repas sans dessert, c'est comme une journée sans soleil !

– Je suis bien d'accord, acquiesça Jade.

Soudain, elles entendirent un grondement de pas dans le couloir. Les garçons de sixième les rejoignaient. Emily sourit en apercevant Matt Haslum, qu'elle avait connu au cours juniors. Elle lui fit signe.

– Emily ! s'écria-t-il. Je suis content de te trouver ici !

– Et moi, je n'en reviens pas qu'ils t'aient sélectionné, plaisanta-t-elle.

Au début de l'année précédente, aux cours juniors de l'école du Royal Ballet, ils étaient toujours ensemble pour la danse de caractère. Puis Matt avait déménagé et avait dû aller suivre les cours à Birmingham.

Il lui avait manqué. Il était tellement drôle et sympa.

— Une fois que vous êtes servies, reprit Mme Hall, tentant de couvrir le brouhaha, je vous suggère de vous installer à ces tables. (Elle leur montra la première rangée.) Il n'y a pas de règles mais, généralement, les élèves plus âgés s'installent à l'autre bout du réfectoire. Je ne voudrais pas que vous vous retrouviez perdues au milieu des troisièmes lorsqu'ils arriveront.

Emily s'assit entre Grace et Matt, et commença à manger. Il y avait tant de choses à se rappeler ! Jamais elle n'allait y arriver !

Après le déjeuner, filles et garçons restèrent ensemble pour la chasse au trésor.

— Vous avez visité l'école le jour de l'audition, mais il va vous falloir un certain temps pour bien repérer les lieux, leur dit Mme Hall. Les premiers jours, tout le monde se perd, c'est normal ! Alors profitez de cette chasse au trésor pour explorer les moindres recoins de White Lodge.

Elle leur adressa un clin d'œil.

— Et, bien entendu, ceux qui arriveront à la fin du parcours se partageront le trésor !

En tout, il y avait onze filles et onze garçons.

Mme Randall, la surveillante des garçons, leur demanda de former des groupes de quatre ou cinq.

Emily, Grace et Sophie se mirent aussitôt ensemble. Jade et Laura se joignirent à elles.

Mme Randall leur distribua leur feuille de route.

– Bonne chance à tous ! leur lança-t-elle avant de faire partir les groupes à cinq minutes d'intervalle.

Lorsque ce fut leur tour, Emily et son équipe se penchèrent sur le premier indice :

De couleur gris acier, j'attends dans mon coin qu'on me sonne.
Pour l'instant, je me tais mais, un jour, il se pourrait que je résonne.

– C'est facile ! s'exclama Sophie. C'est un téléphone.

– Oui, il y en a un dans le couloir, près du dortoir ! annonça Grace.

– Oui, mais il est noir, pas gris, remarqua Jade, le front plissé.

– « Pour l'instant, je me tais… », répéta Emily, réfléchissant tout haut.

– Ouais, et tu devrais en faire autant, répliqua Laura.

Emily se raidit. Pourquoi cette fille était-elle si méchante avec elle ?

– Je voulais juste…, commença-t-elle.

Mais Sophie était déjà partie devant.

– Vous venez ? cria-t-elle, impatiente. On n'a qu'à chercher.

Les filles la suivirent dans un couloir ensoleillé qui les mena dans une petite cour pavée.

– Qu'est-ce que c'est que ça ? s'étonna Emily, oubliant Laura un instant pour regarder autour d'elle.

La cour était fermée sur trois côtés par de vieux bâtiments de brique.

– Ce sont les classes où on aura cours de maths, de français et tout ça, lui expliqua Jade. Je crois qu'ils les ont installées dans les anciennes écuries, où on sellait les chevaux du roi.

– Waouh ! souffla Grace. Tous les recoins de cette école ont une histoire !

Emily contempla les écuries qui avaient été transformées en salles de classe. Elle entendait encore les sabots des chevaux claquer sur les pavés, elle sentait presque l'odeur du foin et… Tout à coup, Sophie éclata de rire.

– Qu'on est bêtes ! La réponse est là, juste sous notre nez !

Emily se retourna pour suivre le bras tendu de son amie… et découvrit une vieille cloche qui pendait au mur.

– Bravo ! s'exclama Jade. Le prochain indice ne doit pas être loin.

Laura se précipita.

– Le voilà !

– Lis-le vite, la pressa Sophie. J'entends le groupe suivant qui arrive.

Laura toussota et lut à haute voix :

Certaines personnes pensent que je suis un dessert,
Mais je fus aussi une danseuse de renom,
Trouvez le studio qui porte mon nom
Et vous aurez la clef du mystère !

Emily se creusa les méninges. Il y avait bien le studio Margot-Fonteyn, mais…

– Je sais ! s'exclama Sophie en riant. Le studio Pavlova ! C'est évident !

Emily fronça les sourcils. Elle avait beau habiter en Angleterre depuis un an, il y avait encore beaucoup de choses qui lui échappaient, dans ce pays !

— Une pavlova, c'est une sorte de meringue avec des fruits et de la crème, lui expliqua Grace en se léchant les babines. Miam !

La chasse au trésor leur permit vraiment de visiter l'école de fond en comble. Après avoir admiré les studios de danse, si spacieux et lumineux, elles retournèrent dans les bâtiments de brique pour pénétrer dans le labo où elles auraient cours de sciences, puis elles découvrirent la petite piscine intérieure, au bout d'un long couloir, allèrent admirer le plus grand arbre du parc et furetèrent dans les rayonnages de l'accueillante bibliothèque.

À la fin de l'après-midi, Emily avait l'impression de connaître un peu mieux les lieux. Et, surprise ! Au bout du parcours les attendait un coffre au trésor rempli de pièces en chocolat !

— Prenez-en une petite poignée chacune, car c'est bientôt l'heure du dîner, leur recommanda Mme Hall. D'ailleurs, j'ai oublié de vous dire que si vous avez amené des provisions dans vos bagages, il faudra me les apporter après le repas. Je vous montrerai où se trouvent vos boîtes à friandises. Vous avez le droit de les ouvrir deux fois par jour : à quatre heures, pour le goûter, et le soir, à huit heures et quart. Je suis sûre que vous l'avez lu dans le guide de l'école, mais je vous rappelle que la nourriture est interdite dans les dortoirs.

Quelques grognements accueillirent cette précision. Sophie faisait la grimace, mais Emily aurait parié qu'elle avait déjà caché quelques barres de chocolat sous son lit !

Après le dîner, elles découvrirent leur foyer, qu'elles partageaient avec les filles de cinquième – mais celles-ci n'arrivaient que le lendemain.

En entrant, Sophie poussa un sifflement admiratif :

– La classe !

– Terrible ! confirma Emily en se laissant tomber avec plaisir dans un grand canapé violet.

– C'est génial ! s'exclama Grace qui venait de dénicher une caisse entière de matériel de travaux manuels. Il y a de la peinture, une trousse de couture, des perles, de la colle, des stylos à paillettes… Waouh ! Vous êtes douées de vos mains, les filles ?

Emily rit en repensant à ses amies d'Oxford. Chaque cours d'arts plastiques se transformait en véritable crise de fou rire : elles étaient toutes plus nulles les unes que les autres !

— J'ai bien peur que non, avoua-t-elle. La danse, oui, le dessin, non !

Jade se pelotonna sur le canapé.

— Comment vous est venue la passion de la danse, les filles ?

Comme d'habitude, Sophie fut la première à répondre :

— D'après ma mère, j'ai toujours aimé être le centre de l'attention, depuis ma naissance. Dès que j'ai su marcher, j'ai fait des spectacles pour mes parents et leurs amis. Notre album est plein de photos où on me voit trottiner sur les talons hauts de ma mère, essayer de me hisser sur les pointes ou de lever la jambe en l'air !

Joignant le geste à la parole, elle se dandina comme une toute petite fille, encore hésitante sur ses jambes. Les autres n'en pouvaient plus de rire.

— J'étais pareille ! s'exclama Emily. J'avais trois ans quand ma grand-mère m'a emmenée voir *Casse-Noisette* et ça m'a fascinée. J'ai eu la cassette vidéo pour Noël, je me la repassais sans arrêt pour essayer d'imiter les danseuses, ça rendait ma mère complètement folle !

Emily aimait toujours l'histoire magique de Clara et du petit soldat de bois qui servait à casser les noix. Même si elle avait vu le ballet des milliards de fois, elle était toujours émue quand la figurine se changeait en prince et emmenait Clara dans un voyage féerique au royaume des Friandises.

– Il m'est arrivé à peu près la même chose, mais avec *Le Lac des cygnes*, enchaîna Jade. Je voulais être la princesse Odette, quand elle se transforme en cygne. D'ailleurs, j'en rêve toujours ! Tous ces fouettés…

Elle bondit et se mit à danser dans la pièce.

– Moi, c'est ma mère qui m'a transmis le virus de la danse, intervint Grace, confortablement allongée sur le canapé. Elle était danseuse, mais elle a arrêté quand elle s'est mariée. On s'entraînait toutes les deux pendant des heures dans le salon… Qu'est-ce qu'on s'amusait ! Je crois qu'elle était encore plus contente que moi en apprenant que j'entrais à l'école du Royal Ballet.

– Et toi, Laura ? demanda Jade.

– C'est ma cousine Fiona qui m'a fait connaître la danse classique. À l'école, on apprenait les danses traditionnelles irlandaises. J'aimais bien, sauf qu'on était obligées de porter d'horribles chaussures de claquettes.

Elle sourit à Jade.

– Franchement pas terrible, je t'assure. Puis, un jour, mes parents m'ont emmenée au spectacle de Noël de Fiona. À l'époque, c'était une grande fille de... oh, au moins dix ans, alors que moi j'étais une petite minus de six ans. Quand je l'ai vue avec son beau tutu rose et ses pointes en satin, j'ai été éblouie. Après, je ne l'ai plus lâchée : « Dis, Fiona, tu me montres le demi-plié. Allez ! »

Elle rejeta ses longs cheveux cuivrés en arrière.

– La seule chose qui m'embête, c'est que le rose pâle ne va pas avec le roux, mais on ne peut pas tout avoir, hein ?

Emily écouta avec attention chacune des filles du dortoir raconter ce qui l'avait amenée ici, à l'école du Royal Ballet. C'était tellement génial de se retrouver au milieu de filles qui aimaient la danse classique autant qu'elle. Bien sûr, à Oxford, son amie Mélissa partageait sa passion, mais ce n'était pas le cas de tout le monde. L'une des élèves de sa classe s'était même moquée d'elle en l'appelant Miss Tutu rose. « Alors qu'ici, pas de problème, se dit-elle. Elles sont toutes aussi folles de danse que moi. »

C'était chouette. Non, mieux que chouette, elle se sentait chez elle, ici.

Cher Journal,

Je t'écris sur mon nouveau lit, dans mon nouveau dortoir. Oui, ça y est, je suis à l'école du Royal Ballet. Le plus beau rêve de ma vie se réalise enfin !

La journée a été bien remplie. Depuis que j'ai dit au revoir à maman ce matin, il s'est passé tant de choses… tous ces nouveaux visages, tous ces couloirs… J'ai du mal à croire qu'il s'est écoulé seulement vingt-quatre heures depuis la dernière fois que j'ai écrit dans ce journal. J'ai plutôt l'impression que ça fait un an, oui !

J'écris à la lueur de ma lampe de poche car je n'arrive pas à m'endormir. Tout tourbillonne dans ma tête ! Mme Hall est venue nous demander d'éteindre la lumière il y a une éternité (à neuf heures). Ça fait tout drôle. « Je sais que vous êtes surexcitées, les filles, nous a-t-elle dit, mais une longue journée vous attend demain. Il faut que vous vous reposiez. »

Tout le monde a l'air de dormir paisiblement, sauf moi ! Au début, on a chuchoté et pouffé dans le noir, jusqu'à ce que Mme Hall revienne : « Les fiiiilles ! » Il faisait noir, mais on entendait bien qu'elle se retenait de rire. « Ça suffit, maintenant. Vous ne voulez tout de même pas que j'appelle vos parents en disant : "Oh, la pauvre petite, elle n'arrive pas à s'endormir loin de vous. Je crois qu'elle est trop jeune pour quitter sa famille... Hein ?" »

Là, on n'a rien répondu. On était toutes horrifiées. On savait bien qu'elle plaisantait, mais quand même... L'idée d'être renvoyées à la maison nous a calmées. Depuis, plus personne n'a ouvert la bouche.

Mais j'ai la tête trop pleine pour arriver à fermer l'œil. Et puis, je ne suis pas habituée à tous ces bruits. Il y a quelqu'un qui ronfle. Et un gros réveil qui fait tic tac. J'entends même Grace qui respire dans le lit d'à côté. Il va falloir que je m'y fasse. Ou sinon, j'achèterai des boules Quies.

Je continuerai à écrire demain. Je vais éteindre avant que Mme Hall me surprenne ! Bonne nuit !

Emily Brown, élève de sixième à l'école du Royal Ballet !!!

3

– Bonjour, les filles !

Emily cligna des yeux, éblouie par la lumière qui entrait à flots dans la pièce. Elle roula sur le ventre et cacha sa tête sous son oreiller, encore tout ensommeillée.

Une minute… Qui venait de parler ? Ce n'était pas sa mère… et elle n'était pas à la maison !

Emily ouvrit les yeux sous son oreiller. Non, cette voix était celle de Mme Hall. Et elle se trouvait à l'école du Royal Ballet. C'était comme se réveiller le matin du 25 décembre, et réaliser avec bonheur que c'est Noël ! Elle s'assit dans son lit, puis regarda autour d'elle en se frottant les yeux. Waouh ! Elle était bien dans son dortoir, à White Lodge.

– Pourquoi tu souris comme ça, Emily ? lui demanda Sophie, emmitouflée dans sa couette. Oh non, ne me dis pas que tu es du matin, en forme dès le lever du soleil ?

Emily éclata de rire. À la maison, sa mère devait la tirer du lit de force pour qu'elle se lève.

– Oh que non ! Rassure-toi.

Jade glissa la tête hors de sa couette. Même au saut du lit, elle était jolie, bien coiffée, et pas tout ébouriffée comme Emily.

– Vous avez bien dormi ? demanda-t-elle en étouffant poliment un bâillement.

– Pas fermé l'œil ! répondit Grace en s'étirant. Il y a quelqu'un qui a ronflé toute la nuit ! Tu as entendu, Laura ?

Cette dernière, qui s'était levée pour aller aux toilettes, secoua sa longue chevelure rousse.

– Non, désolée. J'ai un sommeil de plomb ! À la maison, je partage ma chambre avec ma sœur… et elle ronfle comme un sonneur.

– On va mettre ça sur le dos des filles qui sont de l'autre côté du dortoir, décida Sophie en enfilant son peignoir, serviette dans une main, brosse à dents dans l'autre. Aucune de nous cinq ne peut ronfler comme ça.

Leur toilette achevée, les filles s'habillèrent en

tenue décontractée – soit en jean et T-shirt, soit avec leur nouveau jogging rouge de l'école. Ensuite, elles descendirent prendre leur petit déjeuner. Emily n'arrêtait pas de bâiller. Elle espérait qu'elle allait vite s'habituer à dormir dans un dortoir avec dix autres personnes. Sinon, elle n'aurait jamais son compte de sommeil.

Après manger, les élèves avaient une heure de temps libre à occuper comme ils le souhaitaient.

– Ça vous dirait, un match de foot ? proposa Matt en faisant semblant de dribbler. Les filles ? Les gars ?

De nombreux garçons acceptèrent avec enthousiasme. Et Emily aussi. Elle aimait le foot, elle y avait beaucoup joué à Chicago.

– Ça vous tente, les filles ? demanda-t-elle aux autres.

Grace et Jade n'avaient pas envie, mais Sophie était partante. Tout comme Laura, qui faisait partie de l'équipe de foot de son ancienne école. Deux filles de l'autre moitié du dortoir, Kate et Rebecca, se joignirent également à elles.

Emily attacha ses cheveux en queue de cheval et suivit les garçons dehors.

À l'arrière du bâtiment se trouvait une grande étendue d'herbe bordée d'une clôture qui entourait le domaine de l'école du Royal Ballet. Au-delà, on entrait dans le parc de Richmond.

Oliver, un grand garçon brun qu'Emily avait connu au cours juniors, se proposa pour répartir les joueurs en deux équipes. Emily se retrouva avec Kate et Rebecca, contre Sophie et Laura.

Le match commença fort : danseurs et danseuses avaient de l'énergie à revendre !

– Hé ! protesta Emily lorsque Laura la fit tomber pour la deuxième ou troisième fois. Fais un peu attention.

– Ça va, Emily ? lui demanda Matt en l'aidant à se relever.

– Oui, oui, pas de problème, assura-t-elle.

Elle épousseta rageusement la terre de son jean, tandis que Laura marquait un super but à l'autre bout du terrain.

« Ce n'est qu'un jeu, se dit-elle. Ne t'énerve pas. »

Laura jouait très bien. « Trop bien », pensa Emily, agacée. Même les garçons la regardaient avec de grands yeux, surpris qu'une fille se débrouille aussi bien dans leur sport préféré.

Quelques minutes plus tard, alors qu'Oliver et Laura se faisaient des passes, cette dernière remarqua qu'elle avait une occasion et fonça.

Emily s'élança à sa poursuite. Pas question qu'elle la laisse marquer un nouveau but. Elle passa devant elle pour tenter de lui prendre le ballon. Mais au moment où son pied entrait en contact avec la balle, elle glissa dans une flaque de boue et s'étala par terre, entraînant Laura dans sa chute.

— Faute ! cria cette dernière, furieuse. Faute !

— Désolée, s'excusa Emily en lui tendant la main pour l'aider à se remettre debout. Je ne l'ai pas fait exprès…

— Tu ne fais jamais exprès, Emily ! Mais ce n'est pas la première fois que ça arrive, la coupa sèchement Laura, ignorant délibérément sa main tendue.

Elle se releva seule ; ses yeux verts lançaient des éclairs.

— Je te jure que c'était un accident, insista Emily, mortifiée.

— C'est exactement ce que tu as dit la dernière fois, lui rappela Laura, méprisante. Et je ne t'ai pas crue, pas plus qu'aujourd'hui !

Rejetant sa queue-de-cheval rousse en arrière, elle courut rejoindre Oliver.

– Ouh, là, on dirait qu'elle ne t'aime pas beaucoup, remarqua Matt, qui avait assisté à la scène.

– Non, et ça empire de jour en jour, répondit Emily.

« Super. C'est de pire en pire ! » constata-t-elle amèrement. Elle n'avait même plus envie de jouer. Heureusement, un cri interrompit la partie :

– Ils sont là ! Les autres élèves commencent à arriver !

En voyant Sophie et les autres se précipiter vers l'entrée, elle fut soulagée. Laura lui en voulait encore plus, maintenant, après ces deux malheureux incidents. Et elle avait l'air plutôt rancunière.

Emily prit une douche et enfila des vêtements propres, avant de rejoindre Grace et Jade à la fenêtre du dortoir, où elles s'étaient installées pour regarder arriver les élèves des autres classes. Ils avaient tous l'air ravis de revenir : à peine sortis des voitures de leurs parents, ils se jetaient au cou les uns des autres en criant et en riant.

– On sera à leur place, l'an prochain, remarqua Jade.

Ça faisait tout drôle... Au bout d'une journée dans cette école, Emily avait du mal à s'imaginer qu'elle allait y passer toute une année... et même toute sa scolarité.

Grace fixait l'une des filles en plissant les yeux.

– Je crois bien que c'est Maria, ma guide. Elle m'a envoyé une photo. Regardez, la fille avec le haut de jogging et la queue-de-cheval.

– J'ai hâte de voir Jessica, je me demande si elle est déjà arrivée, fit Emily en collant son nez à la vitre. Mais je n'ai aucune idée de la tête qu'elle a.

– Ma guide s'appelle Kelly, enchaîna Jade. Elle m'a téléphoné cet été. Elle a l'air gentille. Elle...

– C'est l'heure du déjeuner, les filles! leur rappela Mme Hall en passant la tête dans l'entrebâillement de la porte.

Emily sursauta. Déjà? La matinée avait passé sans qu'elle s'en rende compte.

Maintenant que tous les élèves étaient là, le réfectoire était encore plus bruyant que la veille. Et il y avait la queue jusque dans le couloir pour prendre un plateau et se servir. Tout le monde bavardait, racontait ses vacances, son dernier spectacle... Emily se sentit brusquement toute petite au milieu de tous ces grands, c'était intimidant. Ils étaient chez eux ici, alors qu'elles étaient les petites nouvelles. Même Sophie parlait moins que d'habitude.

Après le déjeuner, M. Knott, le directeur de la Lower School, leur fit un petit discours d'accueil. Il souhaita la bienvenue aux nouveaux élèves, puis se félicita de voir les anciens revenir en forme, après s'être bien préparés pendant l'été pour une autre année à White Lodge. Elle entendit des murmures et des ricanements dans la foule. Elle doutait que tous les élèves se soient entraînés pendant les vacances.

Les sixièmes furent ensuite invités à rejoindre leur guide et leur parrain ou marraine. Tout le monde se rassembla dans le préau et les surveillants appelèrent les élèves de sixième un par un.

Lorsque Mme Hall lut son nom, Emily retint son souffle. Mais en voyant deux filles souriantes s'avancer vers elle, elle se remit à respirer normalement.

— Salut, moi, c'est Jessica. Je suis ta guide, annonça la plus jeune, qui portait des couettes.

— Bienvenue à White Lodge ! lança la plus âgée. Je m'appelle Hannah, je suis ta marraine.

— Bonjour, fit Emily en rougissant.

Bizarrement, elle se sentait toujours intimidée face aux « grandes ».

Les deux filles l'attirèrent dans un coin du préau pour discuter.

Jessica lui tendit un sac, les yeux pétillants.

– Tiens, pour toi. C'est une tradition ici, ça porte bonheur.

Emily l'ouvrit avec précaution et en sortit une paire d'anciennes pointes de danse que Jessica avait décorées de paillettes, de perles et de rubans. C'était magnifique !

– Merci, je vais les accrocher au-dessus de mon lit, ça me portera chance ! s'écria-t-elle.

Jessica et Hannah se mirent à rire.

Emily regarda attentivement sa marraine. Elle était toute mince, avec de longs cheveux blonds… Son visage très fin constellé de taches de rousseur lui disait décidément quelque chose.

– On s'est déjà rencontrées ? demanda-t-elle. J'ai l'impression de t'avoir déjà vue quelque part.

La peau de porcelaine d'Hannah rosit délicatement.

– Hum… J'étais en photo sur la couverture de la brochure de l'école cette année, ça doit être ça.

« Quelle idiote je fais ! » pensa Emily. Et voilà, elle avait déjà fait une gaffe alors qu'elle venait à peine de rencontrer sa marraine.

– Hannah a remporté le titre de meilleure jeune danseuse de Grande-Bretagne, l'an dernier, ajouta Jessica, toute fière. Elle sera prise à la Upper School l'an prochain, c'est sûr !

Emily en resta bouche bée.

– Waouh ! souffla-t-elle.

Bien sûr, il s'agissait de cette Hannah-là ! Elle avait vu son nom dans le magazine de l'école qu'on lui avait envoyé.

Hannah leva les yeux au ciel.

– Jessica a décidé de me faire de la pub, on dirait, constata-t-elle en riant. Alors, Emily, que penses-tu de White Lodge ? Tu te plais ici pour l'instant ?

– Oui, oui, répondit-elle dans un murmure. C'est génial.

Mais elle ne pouvait penser qu'à une seule chose : « meilleure jeune danseuse de Grande-Bretagne ». Sa marraine était une vraie star !

– Ça fait tout drôle au début, hein ? remarqua Jessica. Je me rappelle encore ma première semaine ici, je ne savais jamais où je devais aller…

– Moi, mes parents me manquaient, enchaîna Hannah, et j'avais peur que les autres dansent mieux que moi.

Emily hocha la tête, soulagée qu'elles comprennent ce qu'elle ressentait.

– Il faut retenir tellement de choses, je me sens un peu perdue !

Jessica lui passa un bras autour des épaules.

– Ne t'en fais pas. Nous sommes tous passés par là. N'hésite pas à venir nous voir pour discuter, tu peux nous parler de tout !

– Merci, fit Emily, impressionnée par leur assurance.

Jessica n'avait qu'un an de plus qu'elle, mais elle avait l'air tellement à l'aise ici !

Le soir, Mme Hall organisa une petite réunion de dortoir dans le boudoir.

Emily, Grace, Kate et Sophie se serrèrent sur le canapé, tandis que Jade et Laura partageaient le tabouret de piano et que les autres s'asseyaient en tailleur par terre.

– Je voudrais d'abord m'assurer que vous allez toutes bien, commença la surveillante.

Les filles hochèrent la tête tandis qu'elle les dévisageait une à une.

— Je sais que ce n'est pas facile au début, reprit-elle. Votre famille vous manque sans doute. Vous vous demandez peut-être ce que vous faites ici. Mais je suis sûre qu'après votre premier cours de danse, vous vous sentirez déjà davantage chez vous.

Elle leur adressa son grand sourire chaleureux.

— Alors je vous souhaite une bonne nuit et une bonne journée demain ! Et pour finir, j'espère que ce n'est pas une lampe de poche que j'ai aperçue hier soir en entrouvrant la porte vers neuf heures et demie. Quand j'éteins les lumières, on dort, les filles !

Emily sentit ses joues s'enflammer. Oups ! Prise la main dans le sac. Elle avait intérêt à ne pas recommencer, si elle voulait rester dans les petits papiers de Mme Hall.

— Je suis dans les parages, alors si vous avez besoin de quelque chose, n'hésitez pas. Sinon, on se voit tout à l'heure, quand je viendrai éteindre les lumières.

— Vous voulez faire un jeu de société ? proposa

Sophie en sautant du canapé. J'ai vu qu'il y en avait au foyer. On va choisir ?

Grace, Jade et quelques autres filles la suivirent, mais Emily avait soudain très envie de parler à sa mère.

— Je vais juste passer un coup de fil, dit-elle en allant chercher son portable dans le dortoir. Je vous rejoins.

— Ma chérie ! s'exclama sa mère en décrochant. Je pensais justement à toi ! Comment ça va ? Qu'est-ce que tu as fait, aujourd'hui ?

En lui racontant sa journée dans le détail, Emily imaginait sa mère assise dans son fauteuil favori, une tasse de café à la main. Cela lui fit chaud au cœur mais, en même temps, elle sentit sa gorge se serrer légèrement.

Elle connaissait tellement bien sa mère, elles avaient vécu seules toutes les deux tellement longtemps, et voilà qu'elles se retrouvaient séparées, à des kilomètres l'une de l'autre. Emily ne verrait plus sa mère tous les jours, elle ne saurait même pas comment évoluait sa maladie. Elle réalisa alors que sa vie allait changer du tout au tout, et qu'elle allait devoir s'y faire, maintenant qu'elle était à l'école du Royal Ballet.

Cher Journal,

J'ai trouvé un petit coin tranquille dehors, sur un balcon de pierre qui surplombe le jardin. Il commence à faire sombre et un peu frais, mais je me suis emmitouflée dans ma polaire et la lumière est allumée à l'intérieur, ce qui me permet de voir juste assez pour écrire. Je trouve ça agréable de regarder la nuit tomber sur le parc. C'est fou, on est vraiment au milieu de nulle part! Et puis c'est tellement beau d'être comme ça, en pleine nature. Jade a vu un chevreuil par la fenêtre du dortoir ce matin. Trop cool, hein?

Je viens d'avoir maman au téléphone et j'ai un peu le cafard. Je n'avais pas réalisé à quel point elle me manquait jusqu'à ce que j'entende sa voix. Chloé et Mélissa me manquent aussi. Je vais leur envoyer un mail... ainsi qu'à tous les gens que j'aime à Chicago: Sarah, Libby et, bien sûr, papi et mamie!

Je me suis déjà fait de bonnes amies ici. Grace est adorable, Sophie est super rigolote et Jade a l'air vraiment sympa. Le seul problème, c'est Laura... J'espère que les choses vont s'arranger entre elle et moi. Elle a l'air de bien s'entendre avec tous les autres.

Demain, c'est le grand jour : le début des cours ! Le matin, on commence par danse. Youpi ! J'ai hâte... Je me demande comment les filles de ma classe se débrouillent. Grace est très douée, je le sais, mais j'ignore quel niveau ont Sophie et les autres. Jade a tellement bien dansé à l'audition... et Laura aussi, avant que je la bouscule.

Bon, j'espère juste que je ne serai pas la plus nulle. De toute façon, je vais bientôt être fixée !

4

— J'en ai assez! J'ai les pieds gelés! protesta Sophie à voix basse.

Emily étouffa un petit rire. En ce lundi matin, tous les élèves de sixième étaient rassemblés dans un immense studio, assis pieds nus sur le parquet, attendant qu'on prenne leurs mesures pour leur attribuer une paire de chaussons. Lorsqu'ils étaient arrivés, Mme Gourlay, qui les fabriquait, leur avait expliqué :

— Deux fois par an, à la rentrée et au printemps, je mesurerai vos pieds en largeur et en longueur, évidemment, mais aussi la distance qui sépare la pointe du chausson de l'élastique et qu'on appelle l'empeigne.

Emily rêvassait, admirant le spacieux studio. Par les grandes baies vitrées, on avait une vue superbe sur le jardin et l'allée principale, qui menait au parc de Richmond.

Enfin, ce fut au tour de Sophie. Mme Gourlay lui prit doucement les pieds et les examina avec délicatesse.

– Mm… Toi, tu vas avoir besoin de chaussons spéciaux, déclara-t-elle.

Sophie adressa un clin d'œil à ses amies.

– Super, j'ai un traitement de faveur !

– Oui, parce que tu as les pieds les plus souples que j'aie jamais vus, ma puce. Voyons, quels chaussons te conviendraient ? fit Mme Gourlay, pensive.

– Ah, c'est encore à cause de ça, soupira Sophie, beaucoup moins enthousiaste. Mon ancien professeur de danse m'a dit que j'avais les pieds trop plats.

Elle fit la grimace et ajouta :

– Elle m'a montré des exercices pour accentuer la cambrure.

Mme Gourlay hocha la tête.

– Elle avait tout à fait raison, dit-elle en lui tapotant le pied avant de noter quelque chose dans son carnet. Ne t'inquiète pas. Avec un peu de travail supplémentaire, tu y arriveras très bien.

Sophie fronça le nez. Visiblement cette perspective ne l'enchantait guère.

— Le kinésithérapeute te donnera des conseils pour t'entraîner, poursuivit Mme Gourlay. De nombreux danseurs doivent travailler pour renforcer leurs pieds. Avec un peu de volonté, ça s'arrange très bien.

Ensuite, ce fut au tour de Grace.

— De bons pieds bien musclés, commenta la dame. Et tu as de longs orteils !

Grace rougit.

— Maman dit que j'ai des pieds de singe, faits pour s'accrocher aux branches des arbres ! avoua-t-elle, ce qui fit rire tout le monde.

Mme Gourlay ne put s'empêcher de pouffer en notant les mesures de Grace, puis elle passa à Jade.

— Un pied parfait, conclut-elle en griffonnant dans son carnet. Bien proportionné. Pas de problème. À qui le tour ?

Laura tendit docilement le pied.

— Très joli ! s'exclama Mme Gourlay en admirant la cambrure. Très, très joli, mais…

— Mais en forme de banane, soupira Laura, je sais, on me l'a déjà dit. C'est de famille.

Mme Gourlay prit son autre pied.

– Ils sont vraiment très très cambrés. Magnifiques, et très souples. Mais il va falloir que tu travailles dur, comme Sophie.

– Je sais, répéta Laura en haussant les épaules. Je fais les exercices que m'a recommandés mon professeur de danse, mais je devrais peut-être aussi en parler au kiné ?

La dame hocha la tête.

– Oui, je pense, ma puce. Et console-toi, les danseurs qui ont de beaux pieds souples comme les tiens sont souvent très doués pour les sauts. Ce sont de vrais ressorts, tes petits pieds !

Laura sourit, réconfortée.

Mme Gourlay se tourna alors vers Emily.

– Ah, encore une jolie paire de pieds ! s'exclama-t-elle. Très musclés… et avec des orteils bien carrés.

Emily se sentit rougir. D'après son professeur du cours juniors, Mlle Taylor, une danseuse devait, dans l'idéal, avoir le pouce, l'index et le majeur de la même longueur pour bien répartir le poids du corps quand elle dansait sur les pointes. Elle savait déjà que ses pieds étaient musclés, mais c'était agréable de se l'entendre confirmer par une professionnelle.

Elle remarqua que Laura fronçait les sourcils, visiblement agacée par les paroles de Mme Gourlay. Emily soupira. Ce n'était quand même pas sa faute si elle n'avait pas de problème, contrairement à Laura !

— Ils ne sont pas très larges, poursuivait la dame, pinçant les lèvres. Voyons…

Elle lui proposa différentes paires de chaussons à essayer. Elle paraissait vraiment prendre son travail à cœur : elle voulait trouver à chacune le chausson qui lui convenait parfaitement.

Une fois que toutes les mesures eurent été prises, les filles coururent au dortoir se mettre en tenue de danse. Leur premier cours commençait dans dix minutes !

— Je vais trébucher, je le sais, gémit Grace en lissant son justaucorps.

Emily, qui enfilait son pantalon de jogging par-dessus, lui sourit. Grace était une excellente danseuse, elle n'avait pas à s'inquiéter.

— Ne t'en fais pas, tu ne seras pas la seule. Moi, avec ma chance, je vais tomber sur le derrière ! plaisanta-t-elle.

— Ça changerait, glissa Laura à l'oreille de Jade. D'habitude, elle tombe sur les autres !

Emily se retourna, outrée, mais Laura la toisait froidement.

— Méfie-toi, Emily, la taquina Sophie. Laura est Scorpion. Et il ne vaut mieux pas les contrarier parce qu'ils veulent toujours se venger !

Elle devait penser que Laura faisait référence à l'incident du match de foot, la veille, mais Emily savait qu'elle lui en voulait pour l'audition.

— Mais se venger de quoi ? Je l'ai bousculée sans le faire exprès ! protesta-t-elle. Tout le monde a le droit à l'erreur, non ?

— Hé ! Qui est en train de critiquer les Scorpion ? demanda une voix de l'autre côté du dortoir. Parce que je suis Scorpion aussi, attention !

C'était Megan, une fille qui venait d'Écosse.

Sophie adressa un clin d'œil à Emily.

— Ah, tu vois ! Qu'est-ce que je disais ! murmura-t-elle. Rien, rien, Megan, reprit-elle plus haut. On adore les Scorpion, pas vrai, Emy ?

Emily haussa les épaules. Pour tenter d'apaiser tout le monde, Jade intervint :

— J'ai entendu dire que ce n'était pas si grave de tomber de temps à autre. Ça peut arriver à tout le monde, même aux pros.

Sophie, qui était prête à partir, avec son jogging passé par-dessus sa tenue de danse et ses baskets aux pieds, se mit à tournoyer gaiement dans la pièce, ses chaussons à la main.

– Comment fais-tu pour être aussi décontractée ? s'étonna Grace.

Enchaînant les pirouettes en faisant crisser ses baskets sur le sol, Sophie répondit :

– Je suis un Lion ! On adore se donner en spectacle. De vrais « m'as-tu-vu » !

– Et vous êtes doués en coiffure, les Lion ? demanda Emily qui fit la grimace en voyant son reflet dans le miroir.

Elle avait toujours les cheveux un peu ébouriffés, mais aujourd'hui c'était pire que tout !

– Quelqu'un sait faire les chignons ?

Jade brandit un brumisateur d'eau dans les airs.

– Voici l'arme secrète ! Tu veux que je te montre ?

– Oui, s'il te plaît, répondit Emily avec gratitude.

Jade vaporisa les fines gouttelettes d'eau sur ses cheveux avant de les peigner en arrière. Puis elle les tira en une queue-de-cheval qu'elle enroula sur elle-même et fixa avec un filet à chignon.

– Voilà ! dit-elle. Ce n'est pas plus difficile que ça.

– Waouh, souffla Grace, admirative. Où as-tu appris à faire ça ?

Jade se pencha pour rattacher ses lacets.

– Euh… je ne sais pas… J'ai dû voir ça quelque part, répondit-elle d'un air vague. Je ne me souviens plus.

– Allez, dépêchez-vous ! les pressa Megan en courant vers la porte avec Holly. Le cours commence dans cinq minutes.

Emily remarqua que Laura n'avait pas fini de s'habiller et que ses cheveux roux n'étaient pas encore attachés. Paniquée, elle enfilait en vitesse son pantalon de jogging.

Emily hésita un instant avant de demander :

– Tu veux que je t'aide, pour tes cheveux ?

D'accord, elle venait juste d'apprendre à faire les chignons, mais elle proposait ça en signe de paix.

Laura ne leva même pas les yeux.

– Quoi ? Pour que tu m'enfonces les épingles dans le crâne ? Non, merci, répliqua-t-elle sèchement. Jade, tu me donnes un coup de main, tu seras un ange.

Emily sentit son cœur se serrer.

– Très bien, comme tu voudras, répondit-elle avec froideur en prenant ses chaussons de danse, tandis que la gentille Jade accourait au secours de Laura. Tu viens, Grace ?

Emily, Grace et quelques autres traversèrent le boudoir en vitesse, puis dévalèrent les escaliers. En passant dans le hall d'entrée, elles s'approchèrent de la statue de Margot Fonteyn pour toucher son doigt porte-bonheur, l'une après l'autre. Elles avaient besoin de tout le soutien possible pour leur premier cours de danse à White Lodge. Ce jour-là entre tous, elles voulaient danser mieux que jamais.

– On a cours au studio Ashton, hein ? demanda Sophie, hésitant entre les nombreux couloirs qui partaient du grand hall. Vous savez où ça se trouve ?

– Il faut prendre ce souterrain, répondit Kate, d'un ton tellement assuré que les autres la suivirent sans se poser de questions.

Les filles se mirent à courir dans le tunnel voûté. Même s'il était bien éclairé, Emily eut de nouveau l'impression de s'enfoncer dans les entrailles de l'école. C'était bizarre de ne pas voir la lumière du jour. Elle avait beau savoir qu'il était huit heures du matin, ça aurait aussi bien pu être le milieu de la nuit.

Soudain, Kate s'arrêta et fronça les sourcils.

– Je me demande si on a pris le bon, dit-elle, brusquement beaucoup moins sûre d'elle.

Les autres pilèrent net.

– Je vais demander par là, décida Emily en poussant une porte entrouverte sur le côté.

Elle passa la tête dans l'entrebâillement… et resta bouche bée d'émerveillement. Derrière cette porte se trouvait une véritable caverne d'Ali Baba. La petite pièce était remplie de vêtements multicolores pendus un peu partout, il y en avait jusqu'au plafond !

– Ça alors ! souffla-t-elle. Grace, viens voir. Ce doit être la réserve de costumes de l'école.

Elles admirèrent les capes en soie argent et rose, ainsi qu'une robe de bal vert d'eau, des justaucorps turquoise pailletés, des diadèmes brillant de mille feux et…

– Bonjour, les filles, fit une voix joviale alors que Sophie et Grace, intriguées, venaient de rejoindre Emily. Je me présente : Jane, la costumière. Vous ne seriez pas perdues, par hasard ?

Emily sourit au visage sympathique qui venait de surgir d'entre les robes.

– Si, confirma-t-elle, on cherche le studio Ashton, on est dans la bonne direction ?

La costumière secoua la tête.

– Je crains que non, leur dit-elle, amusée. Revenez sur vos pas et prenez le souterrain en sens inverse. Vous allez passer devant la buanderie et, tout au bout, vous verrez une porte en verre qui donne sur le studio Ashton. Vous ne pouvez pas la rater.

– Désolée, les filles, haleta Kate alors qu'elles faisaient demi-tour.

– Au moins, on sera bien échauffées, remarqua Sophie, toujours optimiste.

Quand elles arrivèrent enfin au studio Ashton, une femme pas très grande, d'allure sportive, les y attendait. Elle était accoudée au piano, en train de discuter avec la musicienne mais, dès que les filles passèrent la porte, elle se redressa pour les observer avec attention.

– Bonjour ! leur lança-t-elle d'une voix musicale.

La porte s'ouvrit à nouveau sur Jade et Laura, un

peu essoufflées. Elles s'étaient sans doute perdues, elles aussi.

Le professeur les compta rapidement et hocha la tête.

— Bien, nous sommes au complet. Je suis Mlle Wells, votre professeur de danse pour cette première année. Pour commencer, nous allons reprendre les bases, refaire tous les exercices comme si vous ne les connaissiez pas, de façon à vous familiariser avec la méthode de l'école du Royal Ballet.

Elle posa les mains sur ses hanches.

— Nous allons débuter par des assouplissements afin de nous échauffer.

Mlle Wells disposa la classe en trois rangées. Emily était dans celle du milieu, entre Grace et Sophie.

— On monte les épaules… haut, haut, jusqu'aux oreilles… et on les baisse. On remonte, haut, haut, aussi haut que possible… et on baisse. Maintenant, nous allons faire rouler notre tête pour échauffer les muscles du cou…

Emily se détendait petit à petit. Quel plaisir de se retrouver dans un studio de danse – surtout ici ! Les cours de l'académie Franklin, son école de danse d'Oxford, s'étaient arrêtés en juin, comme les cours juniors. Durant l'été, Emily avait dû se contenter de s'entraîner chez elle, ou chez son amie Mélissa. Cela n'avait rien à voir avec un vrai cours avec un professeur.

Ensuite, elles passèrent à la barre.

– Vous remarquerez que nous avons une double barre, la plus haute pour les plus grandes d'entre vous, et l'autre pour les plus petites, leur expliqua Mlle Wells.

Emily essaya les deux et se trouva plus à l'aise la main sur la barre du bas, mais certaines d'entre elles – Grace par exemple – étaient assez grandes pour utiliser celle du haut.

C'est à la barre qu'Emily réalisa que son corps manquait d'entraînement. À son grand soulagement, les grognements étouffés qui s'élevaient autour d'elle lui indiquèrent qu'elle n'était pas la seule dans ce cas.

En plus, ça n'en finissait pas ! Quand, au bout d'une éternité, les exercices à la barre prirent fin, elle avait le front trempé de sueur et les jambes flageolantes.

– Bon travail, les filles, les complimenta Mlle

Wells. Maintenant, on s'étire. Jambe gauche sur la barre.

Emily connaissait cet exercice : la jambe gauche sur la barre, il fallait plier le genou droit en descendant bien bas, toujours plus bas, et ensuite le tendre, tendre, tendre et monter sur la pointe des pieds, puis tendre le bras gauche par-dessus la jambe restée sur la barre.

— La jambe glisse le long de la barre et on pose…, leur indiqua ensuite Mlle Wells en joignant le geste à la parole. On tourne, le bras droit ouvert sur le côté et… on descend en grand écart. Et n'oubliez pas de sourire !

Emily sentait ses muscles chauffer sous l'effort. Elle serra les dents en tentant de sourire malgré tout, tandis que le professeur passait entre elles pour corriger leur position.

Après les étirements, elles passèrent au milieu faire quelques autres exercices, puis Mlle Wells annonça :

— Nous allons voir ce que donnent vos sautés, maintenant.

Les filles se remirent en ligne et la pianiste entama un air rythmé.

— Et… première position, commença Mlle Wells. On ouvre les épaules, on tient son ventre, les bras détendus. Et… sauté, sauté, sauté. On continue. C'est bien, Laura. Plus haut, Megan. Sauté, sauté, sauté. On atterrit en douceur, Sophie.

Emily était tellement concentrée sur son propre corps qu'elle ne regardait pas tellement les autres. Mais elle ne put s'empêcher de remarquer comme Laura, qui était juste devant elle, sautait haut. Ses jambes aussi élastiques que des ressorts la propulsaient sans effort dans les airs. Soudain, elle tourna légèrement la tête et remarqua qu'Emily la regardait. Elle se redressa fièrement et sauta encore plus haut.

Serrant les dents, Emily s'efforça de sauter aussi haut qu'elle. Elle y arriverait, même si elle devait se tuer à la tâche !

À la fin du cours, toutes les filles étaient rouges et en sueur. Le cœur d'Emily battait à tout rompre, ses jambes et ses bras lui faisaient mal d'avoir tant travaillé, et son chignon était à moitié défait.

— Bravo à vous toutes, les félicita chaleureusement Mlle Wells. Vous m'avez impressionnée. Vous avez bien mérité une bonne douche chaude.

— Je peux à peine marcher, gémit Sophie en sortant du studio. Je croyais qu'on devait simplement reprendre les bases. Et on a travaillé comme des brutes !

— Oui, c'était dur, confirma Emily, mais ça m'a bien plu quand même ! Et dire que ce sera pareil tous les jours !

— C'est sûr que ça change de l'école, remarqua gaiement Jade.

Grace fit la grimace.

— Oui, mais en plus, maintenant, on a école. Cours de maths dans un quart d'heure ! leur rappela-t-elle.

Sophie enfouit son visage dans ses mains.

— Noooon, c'est pas vrai !

— Sooophie Crawford, commença Emily avec un accent anglais exagéré, j'ooose espérer que vous avez consulté voootre emploi du temps, mon enfant !

Elle plaisantait mais elle était également épuisée. Avoir danse et école à la suite tous les jours n'allait pas être de tout repos, c'était certain !

Les filles filèrent au dortoir prendre leur douche et passer leur uniforme. C'était la première fois qu'elles mettaient le kilt écossais vert et bleu, le chemisier blanc et le cardigan bleu marine de l'école. Emily et Sophie furent prises d'un fou rire en découvrant leur allure de petites filles modèles.

– Bon, on doit aller où, maintenant ? demanda Grace en prenant son cartable avant de quitter le dortoir.

– Cette fois, on ne suit pas les indications de Kate, sinon on va se retrouver au fin fond du parc !

– Je sais où on va, décréta Laura en prenant la tête du groupe. Juste à côté de la salle d'informatique, dans la petite cour pavée, vous vous rappelez ?

– Comment se fait-il que tu saches où se trouve la salle d'informatique ? s'étonna Sophie en la suivant dans les escaliers. En plus d'être une danseuse montée sur ressorts, tu n'es pas une as de l'informatique, quand même ?

Laura lui lança un sourire par-dessus son épaule.

– Tu parles ! Non, j'y suis allée pour envoyer des mails à toute ma famille, expliqua-t-elle. Je leur manque déjà ! Il fallait que je leur écrive pour leur remonter le moral.

Elle prit le tunnel où se trouvait la caverne d'Ali

Baba des costumes et qui débouchait bien dans la fameuse petite cour pavée. Il commençait juste à pleuvoir lorsqu'elles la traversèrent en courant pour s'engouffrer dans le bâtiment où avaient lieu les cours.

— Et voilà ! annonça-t-elle fièrement. Regardez, les garçons sont déjà là.

Les filles prirent vite place. La classe était assez petite et chaleureuse, avec un tableau noir à une extrémité et des posters de mathématiques colorés sur les autres murs. Matt adressa un clin d'œil à Emily tandis qu'elle s'asseyait à côté de Grace. Elle lui fit un petit signe de la main.

L'homme qui se tenait devant le tableau se présenta alors :

— Bonjour, je suis M. Top et ma mission est de vous faire découvrir le monde merveilleux des mathématiques.

Les quelques grognements qui montèrent de la classe le firent sourire.

— Vous n'êtes donc pas tous des passionnés de mathématiques ! s'exclama-t-il en levant les bras au ciel. Aaah ! je vous assure que cela va changer. À la fin de l'année, vous rêverez de fractions et de divisions ! On ne m'appelle pas M. Top pour rien, vous savez !

Cette fois, la classe entière éclata de rire. Le professeur distribua alors des livres et des cahiers d'exercices à chacun. Emily et Grace avaient du mal à retrouver leur sérieux. Il était franchement difficile d'arriver à se concentrer sur les mathématiques alors que, vingt minutes auparavant, elles étaient en train de faire des pirouettes dans un studio de danse.

– Je sais ce que vous pensez : les fractions n'ont rien à voir avec la danse, de toute façon ! reprit M. Top en se tournant vers le tableau pour écrire. Eh bien, regardez. Imaginez qu'il y ait six danseuses qui veulent s'entraîner quatre heures par jour, mais que le studio ne puisse en accueillir que cinq à la fois.

Il se retourna vers la classe en souriant.

– Combien d'heures faudra-t-il pour qu'elles aient toutes pu s'entraîner le temps nécessaire ?

Personne ne répondit.

– En principe, je devrais entendre le bruissement du papier, parce que vous ouvrez vos cahiers afin de tenter de trouver la solution. Qui va pouvoir me dire en premier quelle opération il faut poser pour résoudre ce problème ? demanda le professeur.

Emily ouvrit sa trousse et en tira un crayon, pensive. Elle n'avait jamais imaginé étudier un jour les maths en relation avec la danse. Pour elle, ce n'était qu'un tas de nombres gribouillés sur le papier. Mais quand on réfléchissait en termes de danse et de danseuses, brusquement, ça devenait beaucoup plus intéressant !

À sa grande surprise, le cours passa très vite. Ils calculèrent le nombre de sissones qu'un danseur devait exécuter pour traverser un studio de dix mètres de largeur sachant que, à chaque saut, il parcourait exactement un mètre vingt-cinq. Ensuite, ils mesurèrent la longueur totale d'une barre qui devait faire le tour d'un studio de dix mètres sur quinze. Emily était en train de résoudre un problème sur le nombre de justaucorps nécessaires pour vêtir toute l'école lorsque la cloche sonna. Elle était tellement concentrée que Grace dut la secouer doucement.

– Hé, ho ! L'as des maths ! Il est temps d'aller manger.

Emily s'aperçut alors seulement qu'elle avait une

faim de loup. Tout ce qu'elle avait fait ce matin lui avait creusé l'estomac ! En se levant de sa chaise, le moindre de ses muscles lui rappela à quel point elle s'était dépensée durant le cours de danse. Elle avait mal partout !

– Ah, heureusement que c'est l'heure du déjeuner, je meurs de faim ! dit-elle en traversant la cour sous un fin crachin. J'ai l'impression d'avoir déjà une journée complète dans les pattes, pas toi ?

Grace fronça les sourcils.

– Tu te souviens d'où se trouve le réfectoire ?

– Aucune idée ! avoua Emily.

Puis elle se mit à rire.

– À ce que je vois, on est aussi douées l'une que l'autre en géographie. Espérons qu'on va étudier le plan de l'école en cours, cet après-midi !

Cher Journal,

Je suis affalée sur mon lit alors ne m'en veux pas si je pique du nez. Je me suis tellement donnée au cours de danse, ce matin, que j'en ai encore mal aux jambes ! J'espère qu'elles vont rapidement reprendre l'habitude de l'exercice, sinon je vais avoir besoin d'une canne d'ici la fin de la semaine !

Aujourd'hui, c'était ma première vraie journée de cours à l'école du Royal Ballet... Waouh ! C'est génial de danser ici. Je pense que je m'en suis bien sortie. Je ne me suis pas emmêlé les pinceaux et je n'ai pas trébuché, en tout cas. Toutes les autres sont très douées. Jade est excellente. Grace aussi, bien sûr. Elle est étonnante ! Avec elle, le moindre plié est plein de grâce – sans jeu de mots ! Et Laura... Elle danse aussi très bien, mais qu'est-ce qu'elle est pénible ! Elle ne m'aime vraiment pas et elle refuse toute tentative de réconciliation. Comme dit Grace, c'est son problème... mais ça m'ennuie tout de même aussi, parce qu'elle n'arrête pas de m'envoyer promener.

Après le dîner, j'ai téléphoné à maman. Comme il faisait vraiment doux, je me suis assise dehors, dans la cour pavée, avec mon portable. Elle n'en revenait pas quand je lui ai dit que je l'appelais des anciennes écuries du roi !

Elle a voulu que je lui raconte ma journée en détail et ça m'a fait plaisir. Quand je n'ai rien à faire, comme maintenant, elle me manque énormément.

Je pense que je ne suis pas la seule à avoir un peu le mal du pays. Cette nuit, je me suis réveillée et j'ai entendu quelqu'un pleurer, mais je ne sais pas qui.

Sophie n'arrête pas d'envoyer des textos à sa mère et à ses amis. Elle veut connaître tous les derniers potins. Grace a décidé de rentrer passer le week-end chez elle, elle a peur que Harvey (son chien) déprime sans elle !

En revanche, Jade et Laura n'ont pas l'air trop tristes. Jade a l'habitude de vivre loin de ses parents, vu qu'elle était déjà en internat l'an dernier. Et Laura ne dit rien – pourtant j'ai l'impression que sa famille et ses amies lui manquent pas mal : elle passe des heures à répondre à leurs mails, leurs lettres, et tout et tout. J'imagine qu'elle ne veut pas leur faire de peine.

Bon, j'arrête. Il faut encore que j'écrive une carte d'anniversaire à Sarah avant le couvre-feu. Je n'ai aucune envie que Mme Hall me surprenne ce soir !

5

Au bout de quelques jours, Emily s'aperçut qu'elle commençait à s'habituer à son nouveau rythme. Tous les matins, à sept heures pile, les lumières s'allumaient au son d'un joyeux : « Bonjour, les filles ! » Puis, les yeux gonflés de sommeil, elle filait se débarbouiller et s'habiller pour le petit déjeuner. C'était le repas qu'elle préférait. Elle prenait toujours un peu de tout : œufs, bacon, saucisses, haricots à la tomate, toasts. Il lui fallait de l'énergie pour danser !

Elle aimait beaucoup les deux heures de danse avec Mlle Wells. Elles en étaient toujours à revoir les positions et les mouvements de base, mais leur professeur les poussait à aller plus loin, à s'étirer davantage, à sauter plus haut que jamais. Emily adorait sentir son corps travailler si dur. Elle aurait voulu que Mme Franklin puisse voir les progrès qu'elle avait faits en si peu de temps. Elle savait que son ancien professeur aurait été fière d'elle.

Le vendredi après-midi, lorsque Emily entra dans le studio pour sa première leçon de Dalcroze, elle se demandait bien de quoi il s'agissait. On leur avait juste dit de venir en justaucorps et pieds nus.

Mlle Malone, le professeur, les attendait.

– La rythmique dalcrozienne a été développée au début du XXe siècle par un musicien et pédagogue suisse, Émile-Jaques Dalcroze, leur expliqua-t-elle. Elle permet d'aborder la musique par le mouvement. Nous allons écouter différents rythmes, puis vous les exprimerez en dansant. Il s'agit d'interpréter la musique à votre façon, en créant les mouvements qu'elle vous évoque.

Comme toutes les filles la regardaient avec de grands yeux, elle se mit à rire et se tourna vers la pianiste.

– Madame Cox, si vous voulez bien…

Elle joua alors quelques notes.

– Une nouvelle fois, s'il vous plaît.

Une fois que la pianiste eut fini, Mlle Malone reprit le rythme en tapant dans ses mains.

– TAH-TAH ta-ta-ta, fredonna-t-elle. Lent… lent… vite, vite, vite. Tout le monde a entendu ça ?

Emily hocha la tête, intriguée.

– Bien, fit le professeur, maintenant, j'aimerais que vous vous mettiez par groupe de deux ou trois pour inventer un enchaînement sur ce rythme. Lent… lent… vite, vite, vite. Lent… lent… vite, vite, vite. D'accord ?

La classe se divisa en petits groupes qui se mirent à chuchoter en esquissant des mouvements. Emily était avec Grace et elles avaient toutes les deux des idées.

– Si on commençait face à face, pour faire les mouvements en miroir ? proposa Grace.

Emily glissa le pied en dehors.

– On pourrait d'abord faire une glissade… puis quelques sauts.

Elles essayèrent de reproduire le rythme lent avec les pas glissés. Tout autour d'elles, les filles murmuraient : « Lent… lent… vite, vite, vite ! »

Emily entendit Mlle Malone s'exclamer :

– Très bien ! Comment t'appelles-tu, déjà ? Laura ? Très bien, Laura, tu as un bon sens du rythme.

Emily retint une grimace. Laura, Laura, Laura. Il n'y en avait que pour elle ! Ça ne l'aurait pas dérangée que les professeurs complimentent n'importe quelle autre élève – elle se serait réjouie, même –, mais Laura se montrait tellement désagréable et froide avec elle qu'elle mourait d'envie de la voir trébucher ou se tromper de temps à autre.

Après l'heure de Dalcroze, les filles prirent une douche et se changèrent pour le dîner.

– Youpi ! On va manger ! s'exclama Sophie en remontant la fermeture éclair de son haut de jogging, les cheveux encore mouillés. Qui vient avec moi ?

– J'arrive ! fit Grace, qui mettait ses chaussures en vitesse. J'ai vu qu'il y avait de la pizza au menu !

– De la pizza ! répéta Jade en se frottant l'estomac. J'en mangerais trois à moi toute seule !

Grace se retourna vers Emily qui n'était qu'à moitié habillée.

– Tu veux que je t'attende ?

Elle sourit.

– Non, file ! Je ne voudrais pas que tu me mordes, tu es tellement affamée !

Grace et les autres se ruèrent dans les escaliers, laissant Emily seule avec Laura dans le dortoir. Cette dernière n'avait pas l'air pressée d'aller manger. Elle était en train d'écrire, allongée sur son lit. Elle recevait des lettres et des cartes d'Irlande chaque jour et passait tout son temps libre à y répondre.

Emily laça ses baskets, puis se redressa. Elle allait quitter la pièce, mais quelque chose la retint. Si une autre fille avait encore été dans le dortoir, elle l'aurait attendue pour qu'elles puissent aller dîner ensemble. Mais c'était Laura… alors pourquoi s'en faisait-elle ?

Elle se dirigea vers la porte, mal à l'aise. Sa mère avait toujours tenu à ce qu'elle se montre polie et attentionnée envers les autres. Elle aurait été tellement déçue si elle l'avait vue abandonner ainsi une camarade de classe.

Retenant un soupir, elle proposa :

– Tu viens dîner, Laura ?

Celle-ci se retourna pour la fixer d'un regard glacé.

– Tu ne vois pas que je suis occupée ?

– D'accord, d'accord, pas la peine de le prendre comme ça. Je te demandais juste…

– J'ai entendu, c'est bon, répliqua Laura en se replongeant dans sa lettre.

C'en était trop. Emily décida de réagir.

– C'est quoi, ton problème, Laura ? Pourquoi es-tu toujours odieuse avec moi ? Ce n'est quand même pas encore à cause de ce qui s'est passé à l'audition, si ?

Les yeux flamboyants, Laura répliqua :

– Quoi ? Quand tu as essayé de me faire tomber pour que je ne sois pas prise ? Sans compter que tu as voulu me casser la jambe au foot l'autre jour. Non, je ne vois vraiment pas pourquoi je t'en voudrais pour ça, hein ?

Emily poussa un soupir exaspéré.

– C'était un accident ! hurla-t-elle. Une maladresse ! Passe à autre chose, Laura ! Tu as été prise, non ? Et je n'ai pas voulu te casser la jambe en jouant au foot, j'ai glissé ! J'ai tout simplement glissé !

Et elle partit à grands pas, furieuse, avant que Laura ait pu répondre quoi que ce soit. Elle était hors d'elle. Cette fille la poussait à bout ! Pourquoi prenait-elle tout mal ? Elles ne pouvaient pas échanger deux mots sans que ça tourne au drame !

Emily claqua la porte derrière elle. Elle perdait

son temps. Elle avait pourtant essayé. Plusieurs fois même. Et voilà ce que ça lui avait rapporté !

Alors qu'elle dévalait les escaliers jusqu'au réfectoire, sa colère retomba aussi vite qu'elle était montée. Elle commençait à culpabiliser. Elle s'était laissé emporter alors qu'elle voulait arranger les choses avec Laura. Elle imaginait déjà les commentaires de Sophie : « C'est parce que tu es Bélier, tout feu tout flamme, Emy. Tu parles sans réfléchir ! »

Et c'était vrai. Elle s'y était mal prise, là-haut, avec Laura. Elle n'avait fait qu'empirer les choses. Sautant les dernières marches d'un bond, l'esprit ailleurs, elle faillit rentrer dans Matt.

– Emily Brown ! Tu t'entraînes pour les sautés ?

– Eh oui, tu vois, je suis tellement passionnée, je ne peux plus m'arrêter ! répondit-elle, ravie de voir son ami.

Du coin de l'œil, elle aperçut Laura qui descendait les escaliers. Elle n'avait aucune envie de se retrouver coincée à côté d'elle à table. Aussi s'empressa-t-elle de dire :

– Je meurs de faim ! On dîne ensemble ?

Puis, repérant Justin, l'un des amis de Matt, elle ajouta :

– Tiens, on n'a qu'à se mettre à la table de Justin.

« Tout plutôt que de se retrouver avec Laura ! » pensa-t-elle.

Cher Journal,

J'écris juste un petit mot avant de descendre à la salle d'informatique. Il faut que j'envoie des mails à tout le monde ce soir – Chloé, maman, Mélissa, mamie... La semaine a passé si vite, j'ai déjà trop de choses à leur raconter.

Je n'ai pas beaucoup de temps parce que Sophie a réservé le billard pour organiser un tournoi entre les sixièmes – les filles contre les garçons. Je suis sûre qu'on va les battre à plates coutures !

Voilà, on est vendredi soir, la première semaine est déjà finie. Je ne l'ai pas vue passer ! Par certains côtés, j'ai l'impression d'être là depuis des années déjà. Ça y est, je me suis habituée à me réveiller dans le dortoir, à prendre le petit déjeuner au milieu de cent personnes et non en tête à tête avec ma mère. Je commence à mieux me repérer. Je ne me suis pas perdue une seule fois aujourd'hui !

En revanche, ça ne s'arrange pas entre Laura et moi. Ce soir, j'ai perdu mon calme et je me suis emportée.

Je me retenais depuis si longtemps, j'ai craqué ! Elle est tellement désagréable, tellement têtue ! Et le pire c'est que je dois dormir à côté d'elle !

Ce matin, Mlle Wells m'a félicitée pour mes développés. J'étais si contente que je suis devenue toute rouge. Mais Laura me regardait d'un air méprisant, comme si elle estimait qu'elle était meilleure que moi. Forcément, c'est le genre de fille qui peut passer sa jambe derrière sa tête sans aucun effort. Mais, attention, Laura, Emily Brown n'a pas dit son dernier mot !

J'ai reçu une lettre de maman aujourd'hui. On dirait que ça va de mieux en mieux avec Steve. Ils partent ensemble faire une randonnée le week-end prochain. Il y a six mois, j'aurais été verte de jalousie, comme s'il tentait de me voler ma mère. Mais maintenant, je me dis : tant mieux pour elle ! Elle a passé tant d'années toute seule depuis la mort de papa. Je pense qu'elle attendait de rencontrer la bonne personne... et voilà ! Elle a l'air tellement heureuse que je le suis aussi.

Ouh, là... Je ferais bien de vite refermer ce journal. Laura vient d'entrer dans la pièce en me jetant un regard noir, comme d'habitude. Si elle savait ce que je viens d'écrire sur elle...

6

– J'ai une grande nouvelle pour vous, ce matin, les filles !

Emily et les autres se tournèrent vers Mlle Wells, intriguées.

– Comme certaines d'entre vous le savent sans doute déjà, en décembre, le Royal Ballet joue un spectacle de Noël à l'Opéra royal de Covent Garden, expliqua-t-elle. Et cette année, il s'agit de *Casse-Noisette*.

Emily retint son souffle, guettant la suite. Allait-on les emmener voir son ballet préféré ?

– Chaque année, des élèves de l'école du Royal Ballet sont choisis pour tenir de petits rôles dans le spectacle, poursuivit le professeur.

Emily ne put s'empêcher de laisser échapper un petit oh ! de surprise. Avait-elle bien entendu ?

Mlle Wells était en train de dire qu'ils n'allaient pas se contenter d'assister au ballet, mais qu'ils pourraient peut-être danser sur scène ?

Le professeur sourit en voyant le visage de ses jeunes élèves s'éclairer.

– Il y aura deux troupes d'élèves qui joueront en alternance… vous avez donc deux fois plus de chance d'obtenir un rôle !

Sophie leva aussitôt la main, surexcitée.

– De quels rôles s'agit-il, mademoiselle ?

– Pas le rôle principal de Clara, j'en ai bien peur, si c'est ce que tu espérais.

Tout le monde rit, y compris Sophie.

– Nous avons besoin de danseurs pour jouer les enfants invités à la fête, ainsi que des fleurs, des poupées, des souris, des petits soldats, des bonshommes de pain d'épice, un lapin qui joue du tambour… et toutes sortes de petits rôles.

Emily en avait le souffle coupé. Danser sur scène avec le Royal Ballet… à l'Opéra royal… et son ballet préféré, en plus ! Quand elle allait raconter ça à sa mère !

– En raison des contraintes de temps, il n'y aura pas de véritables auditions pour les petits rôles, reprit Mlle Wells. À la place, les directeurs de casting viendront assister à certains de vos cours cette semaine pour vous voir danser et faire leur sélection.

Le cœur d'Emily s'emballa. Cette semaine ! C'était tellement soudain…

— À quel cours doivent-ils venir, exactement, mademoiselle ? voulut savoir Grace.

La jeune femme sourit.

— On ne me l'a pas encore dit, mais ne vous inquiétez pas. Faites de votre mieux et essayez d'oublier les gens autour de vous.

Elle tapa dans ses mains.

— Bien, assez parlé ! Il est temps de s'échauffer !

Un murmure envahit la pièce tandis que les filles se dirigeaient vers la barre. Emily espérait qu'elle était dans une bonne semaine ! Elle avait tellement envie de danser *Casse-Noisette*. Son rêve de toujours allait peut-être devenir réalité !

L'excitation avait gagné l'école entière. Tous les élèves ne parlaient plus que de *Casse-Noisette* et du rôle qu'ils auraient aimé avoir. Emily avait très envie d'être l'un des enfants invités à la fête. Elle adorait le passage où ils découvraient le sapin de

Noël illuminé. C'était magique, féerique… c'était Noël, quoi !

Pendant le déjeuner, Sophie affirma sur le ton de la plaisanterie que, malgré ce que Mlle Wells avait dit, elle ne voulait rien de moins que le rôle de Clara.

– Vous allez voir quand les gens du Royal Ballet vont venir dans notre cours, je vais faire une double, non, une triple pirouette sous leurs yeux ébahis !

Les autres n'en pouvaient plus de rire. Emily aurait aimé avoir autant confiance en elle. Sophie était tellement sûre d'elle, alors que, techniquement, ce n'était pas la meilleure du cours. « En fait, de toutes les filles de la classe, c'est même elle qui a le plus de mal », réalisa Emily.

– Et toi, Laura, tu aimerais tenir quel rôle ? demanda Jade, l'interrompant dans ses pensées.

– J'aimerais bien jouer l'un des invités, répondit-elle, enthousiaste. Ma marraine m'a emmenée voir *Casse-Noisette* à Dublin il y a quelques années, et j'ai adoré le moment où tous les enfants sont rassemblés autour du sapin. C'est le passage que j'ai préféré.

Emily allait s'exclamer : « Moi aussi ! » Mais elle referma la bouche. Ce n'était pas la peine de dire quoi que ce soit à Laura, elle lui répondrait forcément quelque chose de désagréable.

– C'est aussi le rôle qui te plairait, non, Emily ? demanda Jade en se tournant vers elle.

– Si, si, répondit-elle en glissant un regard en biais à Laura qui, comme d'habitude, faisait mine de l'ignorer. Espérons qu'il y ait de la place pour nous deux, n'est-ce pas, Laura ? ajouta-t-elle avec un sourire mielleux.

Celle-ci ne répondit pas, mais Emily savait ce qu'elle pensait. « Pas question que je danse avec toi, Emily Brown – que ce soit à l'Opéra royal ou ailleurs. »

– Moi, j'aimerais être l'un des petits soldats, reprit Jade.

– Et toi, Grace ? Le roi des rats, c'est ça ? la taquina Sophie.

Grace se mit à rire, comme toutes les autres. Imaginer la douce Grace dans le rôle de l'abominable roi des rats, c'était hilarant !

– J'hésite…, répondit-elle, pensive. J'adore le passage où Clara est au royaume des Friandises, vous savez, la danse des Mirlitons. Avec les petits soufflés à la crème qui dansent… Tous les rôles de cette scène me plairaient.

Puis elle frissonna.

– Mais ça ne me dit rien qui vaille que des étrangers assistent à notre cours. Vous imaginez, ce sera comme à l'audition ! Je n'ai aucune envie de revivre cette épreuve.

– Tu seras parfaite, Grace, lui assura Emily. Il suffit que tu les chasses de ton esprit. Concentre-toi sur le cours et tout ira bien.

Son amie s'efforça de sourire, mais seules ses lèvres souriaient, pas ses yeux. Emily ne comprenait pas pourquoi elle était aussi stressée. Elle devait pourtant bien se rendre compte qu'elle était l'une des meilleures danseuses de leur classe. Elle allait obtenir un bon rôle, c'était évident !

Le lendemain matin, Mlle Wells venait de leur demander de traverser le studio en enchaînant une série de pas lorsque la porte s'ouvrit. Deux personnes entrèrent. Le cœur d'Emily manqua se décrocher. Ce devait être les directeurs de casting !

– Ça vous dérange si on… ? demanda l'un des

deux, un homme muni d'un bloc-notes, en montrant deux chaises pliées le long du mur.

— Non, non, allez-y, répondit Mlle Wells. Pendant ce temps, nous allons continuer, si vous le voulez bien.

— Je vous en prie, fit l'autre personne, une femme avec les cheveux blonds au carré.

Elle s'assit et leur sourit avant de sortir un grand cahier et un stylo de son sac.

Grace donna un coup de coude à Emily.

— Ce sont eux, chuchota-t-elle d'une voix tremblante.

Emily hocha la tête, le cœur battant. Oui, visiblement, c'était bien eux.

— Quand vous voulez, madame Edwards..., fit Mlle Wells en se tournant vers la pianiste. Et... à toi, Jade !

Lorsqu'elle s'élança, le visage d'ordinaire souriant de Jade paraissait tendu. Un silence inhabituel régnait dans le studio, comme si chacun retenait sa respiration. « Pauvre Jade ! » pensa Emily. C'était déjà assez dur de passer la première sous l'œil perçant de Mlle Wells, mais devant les directeurs de casting, c'était encore pire !

– Et tourne… et sers-toi de ton ventre pour le saut de chat ! Très joli, commenta le professeur. N'oublie pas de rester bien droite. C'est ça. À qui le tour ?

Une par une, les filles traversèrent la pièce en dansant. Emily trouva Grace parfaite, même si elle avait l'air nerveuse. Laura s'en sortait bien, elle aussi. Mais Megan trébucha sur le temps levé, qui permettait de prendre de l'élan, et devint écarlate. Et Sophie bondit si haut pour son saut de chat qu'elle eut du mal à se réceptionner. Elle atterrit avec un bruit sourd qui résonna dans tout le studio.

Emily était au supplice. Finalement, elle aurait préféré passer dans les premières, pour être débarrassée plus vite ! Elle avait les mains moites en attendant son tour. L'homme et la femme prenaient des notes sur chaque fille. Si seulement ils étaient arrivés plus tôt, ils auraient vu comme elle s'était bien débrouillée pour les sautés.

– Sautez plus haut, toujours plus haut, leur avait dit Mlle Wells. Faites le grand saut… Ayez confiance en vous. Lancez-vous, ne craignez rien, vous retomberez toujours sur vos pieds… Alors sautez toujours plus haut !

Cette idée de « faire le grand saut » lui avait beaucoup plue. « J'ai confiance en moi », s'était-elle dit en s'élançant. « Je peux le faire ! Je peux le faire ! » Et, pour son plus grand plaisir, elle avait réussi à sauter plus haut que jamais.

– À toi, Emily ! s'écria Mme Wells, la tirant de ses pensées.

Emily s'efforça de sourire aux directeurs de casting, mais elle était pétrifiée. « Hé, du calme ! Ce n'est pas une question de vie ou de mort, là », se dit-elle.

La pianiste attaqua la première mesure et elle s'élança. D'abord, le pas de bourrée, un pas rapide qu'elle aimait beaucoup d'habitude. Mais aujourd'hui, ses jambes lui paraissaient lourdes, pesantes. Elle entendit la voix de Mme Franklin dans sa tête : « Allez, Emily, de la légèreté ! »

– Et en cinquième pour les pas chassés, lui rappela Mlle Wells. Glisse sur le plancher, Emily... Oui, c'est ça.

La veille, elles s'étaient entraînées à traverser le studio dans tous les sens en pas chassés. Emily adorait ça, normalement. Et, bien sûr, alors qu'hier ses balancés étaient parfaits, aujourd'hui elle avait l'impression de ne pas réussir à bien transférer son poids d'un pied sur l'autre et…

Elle se tracassait tellement qu'elle arriva à l'autre bout du studio avant d'avoir pu s'en rendre compte, puis ce fut au tour de Kate.

Emily esquissa une petite grimace à l'attention de Grace. Elle savait qu'elle n'avait pas donné le meilleur d'elle-même.

– C'était très bien, la rassura son amie dans un murmure. Et tu avais même le sourire !

Elle haussa les sourcils.

– C'est vrai ?

Elle était tellement stressée qu'elle pensait avoir oublié de sourire. « Bon, c'est déjà ça », se dit-elle, soulagée.

Grace hocha la tête.

– Tu as été parfaite.

Emily lui adressa un sourire plein de gratitude.

– Espérons qu'ils partagent ton avis.

Son regard se tourna vers les directeurs de casting qui observaient attentivement Kate. Emily espérait qu'ils allaient rester pour la suite du cours. Elle avait envie de leur montrer de quoi elle était réellement capable !

*

Effectivement, l'homme et la femme du Royal Ballet restèrent un moment, puis ils s'entretinrent à voix basse avec Mlle Wells, jetant alternativement des regards à leurs notes et aux filles. Puis ils revinrent quelques jours plus tard pour les observer s'échauffer à la barre et travailler leurs pirouettes au milieu. Si elle avait eu le trac la dernière fois, Emily se rattrapa en réalisant une parfaite double pirouette – la première de toute sa vie !

Alors qu'elle s'arrêtait, elle vit l'homme hocher la tête en signe d'approbation. La femme lui sourit et lui adressa même un clin d'œil.

– Très joli, Emily, la félicita Mlle Wells.

Du coup, elle fut sur un petit nuage toute la journée. Chaque fois qu'elle y repensait, le sourire lui venait aux lèvres. Certes, c'était affreux de se rendre compte qu'on avait été mauvaise, mais c'était merveilleux de savoir qu'on avait donné le meilleur de soi-même !

Le deuxième week-end du trimestre fut très calme. La plupart des filles avaient décidé de rentrer chez leurs parents.

Après avoir accompagné Grace en bas pour lui dire au revoir, en remontant dans le dortoir, Emily avait un peu le cafard. Elle n'avait pas vu passer la semaine et, soudain, elle se retrouvait sans rien à faire. Ses amies, sa famille, sa chambre lui manquaient terriblement.

Il y avait une sortie-shopping en ville prévue mais, d'abord, elle voulait passer quelques coups de fil tranquille. C'était rare que le dortoir soit désert à ce point. Elle sortit son portable pour appeler chez elle. Dring, dring, dring… clic !

« Bonjour, lui répondit sa propre voix, vous êtes bien chez Amy et Emily. Nous ne pouvons vous répondre pour le moment, mais laissez-nous un message et nous vous rappellerons. À bientôôôt ! »

Emily se mordit les lèvres. C'était étrange d'entendre sa voix sur le répondeur, comme si elle parlait à un fantôme ! Puis soudain, elle se souvint que sa mère et Steve étaient partis en week-end. Bien sûr ! Ils devaient faire leur randonnée à la campagne. Elle raccrocha sans laisser de message, puis composa le numéro de Chloé.

— Emily, quelle bonne surprise ! s'exclama Mme Minton. Tu te plais dans ta nouvelle école ?

– Oui, oui, répondit-elle en s'efforçant de retrouver son enthousiasme habituel. C'est génial. Euh… Chloé est là ?

– Non, désolée. Elle avait une soirée-pyjama chez sa copine Sonia hier et, aujourd'hui, toute la bande allait à la patinoire. Tu peux rappeler ce soir ?

– D'accord, acquiesça Emily.

Elle se demandait bien qui était cette Sonia. Sans doute une amie du collège. Et maintenant Chloé avait « toute une bande » ? Elle s'était donc fait plein de nouvelles copines.

Emily raccrocha en soupirant : elle ne pouvait s'empêcher de se sentir un peu exclue. « Allez, se raisonna-t-elle. Tu laisserais tomber l'école du Royal Ballet pour retourner à Oxford ? Je ne crois pas… »

Elle entendit alors la porte s'entrouvrir.

– Tu viens, Emily ? demanda Sophie. Le minibus est là.

– J'arrive ! répondit-elle en se levant d'un bond. Je prends mon sac et je vous rejoins.

En bas, Jade, Matt et Kate s'étaient déjà entassés dans le minibus avec des élèves de cinquième. Emily se serra sur un siège avec Sophie.

Alors que le véhicule démarrait, elle colla son nez à la vitre et aperçut quelqu'un perché dans le vieux mélèze du jardin. Une silhouette familière… Elle tendit le cou pour voir de qui il s'agissait.

C'était Laura. Emily se tourna vers Jade.

– Qu'est-ce que Laura fabrique là-haut, dans l'arbre ? Pourquoi elle ne vient pas avec nous ?

– C'est l'anniversaire de sa grand-mère aujourd'hui. Sa famille a promis de l'appeler ce matin pour qu'elle puisse discuter avec elle, expliqua Jade. Laura ne veut pas manquer leur coup de fil, sa grand-mère serait trop déçue.

Ils fixèrent tous la silhouette de Laura sur la branche tandis que le minibus franchissait le portail de l'école. « C'est triste de la laisser toute seule comme ça, alors qu'on part tous ensemble », se dit Emily. Mais Sophie lui changea les idées en demandant au chauffeur d'allumer la radio pour qu'ils puissent chanter un peu. Emily se tordit bientôt de rire avec les autres en entendant les paroles idiotes qu'elle inventait.

Ce fut presque un choc de se retrouver brutalement en ville et de réaliser qu'il existait un monde en dehors de White Lodge! Depuis qu'elle était arrivée à la Lower School, la vie d'Emily se résumait à un seul mot: danse, danse, danse! C'était bizarre de marcher dans la rue au milieu de gens qui se fichaient pas mal des sautés et des pliés.

Comme les sixièmes et les cinquièmes n'étaient pas autorisés à sortir seuls, un professeur les accompagnait.

– Vous pouvez nous faire confiance, lui assura Sophie, on ne va pas se perdre si vous nous laissez un peu seuls.

M. Whitehouse, leur professeur de géographie, se mit à rire.

– Désolé, mais il va falloir attendre d'être en quatrième pour ça!

La rue était bordée de commerces et de cafés. Emily et ses amies allèrent d'abord s'acheter des magazines dans une librairie puis, dans une autre boutique, elles essayèrent des vernis et du rouge à lèvres tandis que les garçons regardaient les CD. Enfin, ils entrèrent tous dans un café pour boire un verre en regardant les gens passer dans la rue, confortablement installés dans des fauteuils de cuir glissant.

– Ouh, là! Je vais m'endormir, moi! s'exclama Sophie en s'enfonçant dans son siège. Après la semaine qu'on a passée!

Emily prit une gorgée de son milk-shake à la framboise.

– C'est quand on s'arrête qu'on se rend compte à quel point on est fatigué, constata-t-elle. Vous croyez qu'on aura le droit de faire une petite sieste cet après-midi?

Matt se mit alors à ronfler bruyamment, provoquant l'hilarité générale.

Emily était ravie de cette sortie en compagnie de ses nouveaux amis. Elle avait du mal à croire qu'elle les connaissait seulement depuis quelques jours. Elle se demandait déjà ce qu'elle deviendrait sans eux!

Cher Journal,

Nous sommes dimanche soir, et je suis blottie sur le canapé du foyer avec Sophie, Grace et Jade. Je ne sais pas où est Laura. Elle a passé tout le week-end seule dans son coin. On ne l'a pratiquement pas vue. Ça ne me dérange pas particulièrement – au moins, comme ça, elle ne s'en prend pas à moi! Je parie qu'elle s'entraîne en cachette. Elle n'arrête pas de faire ses exercices pour les pieds avec la bande élastique que le kiné lui a donnée.

Heureusement, ce soir, le dortoir est à nouveau plein, c'est un peu triste quand la moitié des lits est vide.

J'étais vraiment contente de retrouver Grace lorsqu'elle est rentrée. Visiblement, elle a passé un super week-end. Elle garde contact avec toutes ses amies de son ancienne école. Je devrais peut-être écrire plus souvent à Chloé, je me sens un peu coupable.

Enfin, bref, j'y vais, Sophie vient de mettre une cassette vidéo !

7

– J'imagine que les résultats du casting pour *Casse-Noisette* n'intéressent personne ?

Le cœur d'Emily s'emballa lorsqu'elle vit la feuille que brandissait Mlle Wells. Le cours de danse du matin allait débuter et, jusque-là, elle était encore un peu endormie. Mais brusquement elle se réveilla tout à fait.

– Si ! hurlèrent en chœur toutes les jeunes danseuses.

– Bien, je ne vais pas vous faire languir plus longtemps, annonça le professeur en riant. Alors… Je veux tout d'abord vous dire que je suis très fière. Cinq d'entre vous ont obtenu un rôle dans le ballet. Dans la distribution A, Kate jouera une poupée tandis que Jade et Emily seront parmi les enfants invités à la fête. Et dans la distribution B, Laura tiendra le rôle de l'un des enfants, et Megan celui d'une poupée. Toutes mes félicitations, mesdemoiselles. Pour les autres, je suis désolée que vous ne puissiez faire partie du spectacle cette fois-ci mais rassurez-vous, il y en aura d'autres dans l'année.

La salle fut envahie d'un grand brouhaha. Emily n'en revenait pas. Super ! Elle avait été choisie pour danser à l'Opéra royal de Londres, et pour jouer le rôle de l'un des enfants invités à la fête, en plus ! Exactement ce dont elle rêvait !

– La première est prévue le 1er décembre, continua Mlle Wells. La distribution complète et le calendrier des répétitions sont affichés sur le tableau d'information de l'école. Notez bien les horaires de vos répétitions. La distribution A jouera lors de la première, puis en alternance avec la B.

– Je n'arrive pas à y croire ! s'écria Emily.

Mais en voyant le visage défait de Grace, sa joie s'évanouit d'un seul coup.

– Oh, Grace ! Ils sont vraiment idiots de ne pas t'avoir prise.

Son amie haussa les épaules.

– Non, c'est ma faute. J'étais trop angoissée. Je n'ai pas dansé aussi bien que d'habitude.

Comme elle ne savait pas quoi dire pour la réconforter, Emily la serra dans ses bras. Sophie, elle, ne paraissait pas aussi déçue. Elle courut vers elle pour la féliciter.

Quant à Jade, elle lui adressa un sourire radieux.

Emily était triste pour Grace, mais elle ne pouvait cacher sa joie. Avec Jade, elles allaient danser le petit galop des enfants ! Quel bonheur !

Laura avait l'air maussade. Elle la regarda, incrédule. Qu'est-ce qui pouvait la mettre dans cet état ? Ce n'était quand même pas parce qu'elle était dans la distribution B ? Elle allait danser *Casse-Noisette* avec le Royal Ballet sur la scène de l'Opéra de Londres, bon sang !

– Je dois aussi vous préciser qu'en plus de jouer votre rôle, vous serez la doublure du même rôle dans l'autre distribution, ajouta Mlle Wells. Cela signifie donc que si une danseuse de la distribution A est malade, celle de la B montera sur scène à sa place.

Ce qui voulait dire que Laura serait sa doublure… et vice versa ! Elle lui jeta un regard : elle ne semblait pas franchement ravie. Mais ça n'avait pas d'importance, Emily était trop heureuse pour s'en soucier. En fait, c'était même plutôt drôle comme situation.

— Les répétitions commenceront après les vacances de la Toussaint, leur apprit Mlle Wells. Si vous rencontrez une difficulté, nous pourrons en discuter en cours, donc n'hésitez surtout pas à me raconter comment se passent les répétitions. Je ne veux pas que quelqu'un dise après le spectacle : « Mais qui est le professeur de cette petite gamine empotée ? Elle ne lui a rien appris ou quoi ? »

— Nous vous promettons de faire de notre mieux, lui assura Emily en souriant. Nous vous ferons honneur, mademoiselle Wells.

— Je suis heureuse de l'entendre, répondit gaiement le professeur. Bien ! Au travail, mesdemoiselles !

Emily avait tellement hâte d'apprendre la nouvelle à sa mère qu'elle eut du mal à attendre la fin du cours. Lorsqu'elle appela enfin et que la ligne sonna occupé, elle enragea. Oh ! non… si elle discutait avec mamie ou Steve, cela pouvait durer des heures ! Il fallait pourtant qu'elle annonce la nouvelle à quelqu'un sinon elle allait exploser !

Elle se rua dans la salle d'informatique. Elle allait envoyer un mail groupé à sa mère, ses grands-parents, Sarah, Libby, Chloé et Mélissa.

Elle était tellement impatiente d'apprendre la grande nouvelle à tout le monde que ses doigts couraient sur le clavier à toute allure. Après avoir envoyé le message, elle retourna dans le dortoir, aux anges.

Cinq minutes plus tard, son portable sonna. C'était sa mère !

Un cri aigu lui transperça les tympans :

– Chérie, je n'arrive pas à y croire !!!

– Bonjour, maman, répondit Emily. On dirait que tu as reçu mon mail !

– Oh, ma chérie ! Je suis si fière de toi. J'étais au téléphone avec un collègue. Dès que j'ai raccroché, le téléphone a sonné à nouveau. C'était ta grand-mère. Elle m'a dit qu'avec papi, ils allaient s'arranger pour venir en Angleterre au moment de ton spectacle. Et les parents de Steve seront de retour d'Australie, ils voudront sans doute venir te voir aussi. Chérie, c'est fou ! Je vais acheter les billets dès demain !

Tous ceux qu'elle aimait allaient donc venir la

voir danser sur scène pour son premier grand ballet. Emily était folle de joie.

– Oh, là, là ! C'est génial ! J'ai tellement hâte !

– Pas autant que moi, répondit Amy Brown. Je suis la mère la plus fière de la Terre entière. Bravo, ma puce !

Les deux semaines suivantes passèrent en un éclair. Leurs journées étaient tellement bien remplies qu'Emily fut surprise lorsque arriva le dernier week-end avant les vacances de la Toussaint.

Elle s'inquiétait déjà pour ce qui allait se passer après les vacances. Comment allait-elle faire pour assister à toutes les répétitions de *Casse-Noisette* alors qu'elle n'avait déjà pas une minute à elle dans la semaine ?

Tous les élèves étaient sous pression, et la plupart des filles du dortoir étaient rentrées pour passer le week-end à se faire chouchouter par leurs parents. Emily, Laura, Jade et Holly étaient les seules sixièmes à rester à White Lodge. Jade et Holly étaient parties à la sortie-shopping en promettant de rapporter du chocolat et des masques pour le visage afin de se faire une soirée entre filles. Emily avait profité du calme pour faire la grasse matinée. Le bonheur!

Après avoir dormi une petite heure, elle s'étira, appréciant de pouvoir rester allongée sans rien faire. C'était tellement rare! Elle prit un livre dans l'idée de trouver un coin dans le parc pour profiter de cette belle journée d'octobre. Puis elle enfila ses baskets, et se dirigea vers le boudoir. En approchant de la porte, elle entendit de la musique. Son cœur s'arrêta. Laura était en train de jouer du piano. La personne qu'elle n'avait absolument pas envie de croiser.

Emily resta quelques secondes derrière la porte à écouter. Laura jouait souvent des chansons irlandaises rythmées et gaies qu'elle leur avait apprises, comme *The Irish Rover* ou *The Rose of Tralee*. Mais, aujourd'hui, il s'agissait d'une mélodie très mélancolique.

Emily soupira. Tout ce qu'elle voulait, c'était sortir lire son livre. Est-ce que ce serait impoli de passer devant Laura sans lui dire un mot?

Elle hésita. Oui, c'était impoli, mais après tout Laura se montrait toujours odieuse avec elle. Franchement, elle était fatiguée de faire tous ces efforts pour rien. Elle inspira un bon coup, ouvrit la porte et traversa la salle, bien décidée à ne pas ouvrir la bouche.

La musique s'arrêta brutalement. Emily entendit renifler. La main sur la poignée de la porte du couloir, elle se retourna et vit que Laura était en train de pleurer.

Elle ne pouvait la laisser comme ça.

– Qu'est-ce qui ne va pas ? lui demanda-t-elle, surprise.

Elle n'arrivait pas à le croire ! Laura était en larmes, elle qui paraissait si indépendante, si forte !

Sa camarade sursauta, comme si elle ne s'était pas rendu compte de sa présence. Puis elle s'essuya fièrement les yeux avant de se retourner. Son visage était baigné de larmes.

– Rien…, répondit-elle.

– Il est arrivé quelque chose ? insista Emily.

– Qu'est-ce que ça peut te faire ?

Elle était habituée à ce genre de réplique venant de Laura, mais aujourd'hui elle avait la voix un peu étranglée, moins agressive que d'ordinaire.

Emily haussa les épaules

– Rien. Mais, si tu veux en parler, je suis là… Je

sais qu'on n'est pas vraiment amies toutes les deux…

— Il n'y aurait pas de problème si tu ne m'avais pas poussée !

— Ou si tu n'avais pas été aussi désagréable avec moi ! répliqua Emily, furieuse. Je laisse tomber. Oublie que je t'ai proposé mon aide !

« Cette fille est insupportable ! » se dit-elle, en se dirigeant vers la porte. « Vraiment insupportable ! »

— Emily, attends !

Il y avait quelque chose de suppliant dans le ton de Laura qui la fit hésiter. Elle lui lança un regard agacé.

— Quoi encore ? Tu as quelque chose à ajouter ?

Laura secoua la tête.

— Non, excuse-moi. J'ai le cafard. Et je me défoule sur toi, encore une fois. Désolée.

— Qu'est-ce qui ne va pas ? lui demanda Emily avec précaution. Ou peut-être vas-tu me répondre de m'occuper de mes affaires ?

Elle fut surprise par sa réaction. Les yeux rivés sur les touches du piano, Laura expliqua :

— C'est l'anniversaire de mariage de mes parents aujourd'hui. Je jouais *A Pair of Brown Eyes* tout à l'heure, c'est le morceau que papa joue toujours pour maman. Et j'aurais aimé...

Elle plaqua un nouvel accord, encore plus mélancolique, en reniflant.

— J'aurais aimé être parmi eux aujourd'hui. Parfois je regrette d'être venue à White Lodge.

Emily n'en croyait pas ses oreilles. Elle ne s'attendait vraiment pas à ça.

— Quoi ? s'étonna-t-elle. Mais pourquoi ? Tu n'es pas heureuse ici ?

Laura se frotta les yeux.

— Ma famille me manque tellement, répondit-elle, un sanglot dans la voix. C'est la première fois qu'on est séparés. Je...

Elle sortit un mouchoir de sa poche.

— Tout le monde a l'air de bien se plaire ici, continua-t-elle après s'être mouchée. Mais je... je me sens perdue si loin de chez moi.

Emily n'en revenait pas. Elle n'aurait jamais cru que Laura pouvait penser ça, et surtout se confier à elle, Emily !

Elle s'efforça de trouver les mots pour la réconforter :

— Tu sais, je te comprends. L'année dernière,

quand on est arrivées de Chicago, avec ma mère, j'ai cru que je n'arriverais jamais à m'y faire. Des choses toutes simples me manquaient, par exemple aller voir mes grands-parents après l'école, mes amies, et même les bonbons américains !

Comme Laura l'écoutait avec attention, Emily poursuivit :

– Ça a pris du temps mais, maintenant, je suis heureuse d'avoir déménagé. J'ai rencontré plein de gens fabuleux. Et je suis ici, à l'école du Royal Ballet ! J'ai réalisé que la vie pouvait être belle qu'importe l'endroit où on habite. Depuis que je suis à White Lodge, mes amis d'Oxford me manquent autant que ceux de Chicago… Mais je passe mes journées à danser ! J'imagine qu'il y a de bons et de mauvais côtés à tout.

Laura acquiesça, mais elle semblait toujours triste. Elle se moucha encore une fois.

– Je crois que, si je rentre chez moi pour les vacances, je ne voudrai plus jamais revenir ici, confessa Laura. Tu sais, tout le monde n'arrête pas de parler de *Casse-Noisette*. Eh bien, je m'en fiche. En fait, je ne serai sûrement plus là au moment des représentations. Je serai chez moi, en Irlande…

Elle traçait machinalement des cercles sur le sol du bout du pied tout en parlant.

– ... Tu dois me trouver complètement folle.

– Pas du tout, répondit Emily avec franchise. Il y a eu des moments à Oxford où je ne rêvais que de prendre le premier avion pour Chicago. Pourtant, j'ai tenu bon. Ça n'a pas été facile, mais ça en valait la peine. Je crois qu'il faudrait juste que tu...

Elle fit une pause, essayant de trouver les mots justes. Elle se souvint soudain d'une phrase de Mlle Wells.

– Je crois qu'il faut juste que tu te lances, que tu aies confiance en toi, que tu fasses le grand saut pour vivre ta nouvelle vie... Tout va bien se passer. En plus, de nous toutes, c'est toi la meilleure en saut, conclut-elle, pas très sûre de son jeu de mots.

Laura lui adressa un timide sourire.

– Emily Brown, cette blague est complètement nulle. Tu devrais avoir honte.

Elle éclata de rire. « J'ai réussi à faire sourire Laura McCloud ! » se dit-elle. C'était un petit miracle.

– Tu la trouves mauvaise ? Eh bien, j'en ai plein d'autres encore pires en réserve !

Elle posa sa main sur l'épaule de Laura.

– Sérieusement, ce n'est pas facile de te dire ça alors que tu as été tellement désagréable avec moi, mais… tu as énormément de talent, tu ne peux pas laisser tomber. Donne-toi du temps, tu vas t'habituer à l'école.

Laura pianotait toujours l'air de ses parents.

– Je ne sais pas. Je ne sais vraiment pas si j'en suis capable.

Emily était embarrassée. Elle ne savait pas quoi ajouter. Laura commença à jouer un nouveau morceau. Elle y vit le signal qu'elle devait la laisser. Elle avait fait de son mieux. Elle avait essayé d'aider Laura et, pour une fois, celle-ci s'était montrée plutôt gentille en retour.

Il y avait du mieux !

Cher Journal,

J'ai découvert que Laura avait le mal du pays depuis son arrivée. Jamais je n'aurais imaginé ça ! Je comprends mieux pourquoi elle n'arrête pas d'envoyer des mails à ses amis. Elle cache bien son jeu, elle ne voulait pas avouer qu'elle était triste. J'ai tenté de la convaincre d'essayer de rester encore un peu. Ce serait vrai-

ment dommage de laisser tomber parce que sa famille lui manque.

Mais impossible de savoir ce qu'elle pense. Elle a la tête dure et je serais incapable de dire si elle m'a écoutée. En tout cas, j'espère...

On s'est bien amusées ce soir entre filles. Masques à l'argile, manucure, friandises et bavardage, tout un programme ! Laura ne m'a fait aucune réflexion désagréable, mais je ne me risquerais pas à dire qu'elle m'aime bien.

J'arrête car j'entends les pas de Mme Hall dans le couloir !

8

La semaine précédant la Toussaint fut électrique, on se serait cru juste avant Noël ! Tous les élèves comptaient les jours, les heures, et les cours qui les séparaient du retour à la maison. Grace fit ses valises dès le lundi soir. Sophie passa la semaine à appeler ses amies pour préparer le programme des vacances.

— J'espère que tu auras quand même le temps de faire tes exercices à la barre entre deux rendez-vous, lui dit Emily en imitant de son mieux Mlle Wells, les sourcils froncés.

Sophie leva les yeux au ciel.

— Qui ? Moi ? Je vais répéter jusqu'à l'épuisement tous les jours, évidemment, plaisanta-t-elle. Vous avez vu le sérieux avec lequel je travaille, les filles ! Vous savez comme je suis consciencieuse !

Jade attrapa l'élastique de gymnastique qui traînait dans la poussière sous le lit de Sophie.

– Alors, j'imagine que tu auras besoin de ça pour te muscler les pieds. Tu es si consciencieuse, se moqua-t-elle.

Sophie prit l'air penaud.

– Je ferais sans doute mieux de l'emporter. Il y a une première fois à tout !

Durant la soirée du vendredi, les filles ne parlèrent que des vacances. Ce qu'elles allaient faire, manger, les amis qu'elles allaient revoir. Pour la première fois depuis qu'elles étaient à la Lower School, leur conversation ne tournait pas autour de la danse, de *Casse-Noisette* ou des potins de l'école. Laura rayonnait. Emily ne l'avait jamais vue comme ça. Elle ne pensait qu'à sa famille, elle avait tellement hâte de les retrouver.

– J'espère que mon petit frère sera à l'aéroport. Mon petit Danny, il est adorable. Regardez, c'est une photo de lui. Il est chou, hein ?

Emily était heureuse de la voir aussi gaie, mais elle se demandait si elle la reverrait après les vacances. Elle n'avait parlé à personne de leur conversation dans le boudoir, et Laura n'y avait jamais fait allusion. C'était un peu comme si cette conversation n'avait jamais eu lieu. Mais, depuis, Laura ne lui avait plus fait de réflexion désobligeante.

Le samedi matin, l'école était sens dessus dessous, on allait, on venait, on criait, on courait. La plupart des élèves n'arrivèrent même pas à avaler leur petit déjeuner et retournèrent vite dans leurs dortoirs respectifs attendre l'arrivée des parents.

– Je suppose que la mère de Grace sera la première, décréta Sophie. Elle doit être aussi ponctuelle que sa fille !

– Alors, si tu tiens d'elle, ta mère sera sûrement la dernière, répliqua Grace. En retard parce qu'elle aura passé trop de temps à papoter avec les voisins avant de partir.

Elle éclata de rire en voyant l'air faussement indigné de Sophie.

– En fait, si ça se trouve, ses parents ne vont même pas montrer le bout de leur nez, enchaîna-t-elle. Trop heureux de vivre enfin dans le calme et la sérénité.

Sophie s'apprêtait à répondre quand elle fut interrompue par un hurlement strident.

— Megan ! Je crois que c'est ton père !

Les filles se précipitèrent à la fenêtre pour voir l'homme de haute taille qui sortait du mini van.

— Papa ! cria Megan en faisant de grands signes pour que son père la voie.

— Perdu, Sophie ! s'exclama Grace, alors que Megan s'empressait de quitter le dortoir en lançant un au revoir à la cantonade.

Après son départ, il y eut un moment de silence, puis les filles retournèrent à la fenêtre pour guetter les prochains parents.

La maman de Grace fit bientôt son apparition, suivie des parents de Sophie qui furent accueillis par un éclat de rire général.

Un instant plus tard, Mme Hall passa la tête dans l'entrebâillement de la porte.

— Laura ? Le minibus qui doit t'emmener à l'aéroport de Heathrow passera te prendre d'ici cinq minutes.

Laura devint rouge d'excitation et toutes ses taches de rousseur disparurent brusquement.

— J'arrive, répondit-elle, les yeux pétillants.

Elle embrassa Jade et quelques autres filles puis s'approcha d'Emily.

– Je ne t'ai pas remerciée pour l'autre soir, dit-elle à voix basse. Tu t'es montrée vraiment patiente avec moi, alors que j'ai été si…

Emily, un peu mal à l'aise, suggéra sur le ton de la plaisanterie :

– Détestable ? Insupportable ?

– Je crois que je mérite tous ces adjectifs, répondit Laura en riant. J'ai été vraiment peste. Je ne sais pas comment j'en suis arrivée là, je t'assure. Nous avions pris un mauvais départ et, comme j'allais mal, je me suis défoulée sur toi. Et après… c'était trop difficile de changer de comportement du jour au lendemain et de devenir sympa avec toi. J'imagine que c'est de la fierté mal placée, termina-t-elle, l'air penaud. Je suis vraiment désolée, Emy.

Emily prit la main qu'elle lui tendait en souriant.

– Passe de très bonnes vacances, Laura. Et… tu as repensé à ce qu'on s'est dit ?

– Je ne sais toujours pas ce que je vais faire, soupira Laura. Qu'est-ce que tu disais déjà ? Faire le grand saut ?

Elle prit ses valises en secouant la tête.

– Je ne sais pas si j'en suis capable. Mais merci d'avoir essayé.

Elle se tourna vers les autres en agitant la main.

– Profitez bien de votre semaine !

– Toi aussi, répondit Emily. On se voit dimanche prochain.

Laura ne répondit rien. Et elle se demanda si elle la reverrait un jour. Mais avant qu'elle puisse s'appesantir sur la question, Jade la héla :

– Emily. Hé, Emily ! Ce ne serait pas ta mère, en bas ?

Oui, c'était bien elle ! Sa mère et Steve, la tête en l'air, la cherchaient des yeux. Elle laissa échapper un cri de joie.

– Salut, les filles ! À la semaine prochaine.

Emily avait quitté Oxford depuis un mois et demi seulement, mais en arrivant devant la maison de Tenniel Street, elle eut l'impression que ça faisait beaucoup plus longtemps. C'était vraiment bizarre. Un lieu familier qui devenait étranger. Elle se demandait déjà ce que ses amies de la Lower School étaient en train de faire. Laura devait être à bord de l'avion qui l'emmenait en Irlande, sur le point d'atterrir à Dublin. La maman de Grace avait sûrement préparé un repas spécial en l'honneur de sa fille chérie. Et Sophie devait fêter l'anniversaire de son petit frère, « le goûter des chimpanzés surexcités », comme elle disait. En ce moment même, elle se promenait sûrement au milieu des petits chimpanzés, une assiette de gâteau à la main et un chapeau en papier ridicule sur la tête.

Emily, elle, n'avait pas un emploi du temps très chargé. Chloé passait quelques jours en Cornouailles* chez sa grand-mère avec ses parents. Elle avait glissé un mot sous la porte des Brown avant de partir.

Emily ! Enfin, tu es de retour ! J'ai hâte de te voir. Si tu es là mercredi, ce serait chouette d'aller se balader toutes les deux. Tu pourras faire la connaissance de mes copines du collège. Je suis sûre que tu les trouveras sympas. Et, bien sûr, elles ont très envie de te rencontrer !

Emily était contente. Elle était impatiente de revoir Chloé. En attendant, elle passa le week-end avec sa mère et Steve à Oxford. Ils déjeunèrent dans un très bon restaurant sur les bords de la Tamise.

---
* Région du sud-ouest de l'Angleterre.

Puis Emily et sa mère allèrent faire les magasins pendant que Steve assistait à un match de son équipe de foot préférée, Oxford United.

La journée du dimanche fut pluvieuse. Ils décidèrent donc d'aller tous les trois voir un film dans l'après-midi. En sortant du cinéma, la pluie avait cessé et ils achetèrent des cornets de *fish and chips*, le plat anglais favori d'Emily. Ils rentrèrent tranquillement à la maison en grignotant les frites brûlantes.

Le lundi, Mélissa vint rendre visite à Emily. Elles s'étaient rencontrées l'an dernier à l'académie de danse Franklin et avaient suivi toutes les deux les cours juniors à Londres. Mélissa mourait d'envie d'entrer à l'école du Royal Ballet mais elle n'avait malheureusement pas été prise à l'audition finale. Malgré sa déception, elle avait été ravie pour Emily lorsqu'elle avait été reçue. Emily avait beaucoup d'admiration pour elle. Elle n'était pas sûre que, dans la situation inverse, elle aurait aussi bien réagi.

– Raconte-moi tout ! ordonna Mélissa dès qu'elles furent dans la chambre d'Emily. Je veux absolument tout savoir ! Merci beaucoup pour tes lettres et tes mails, mais maintenant je veux tout entendre de ta bouche. Comment c'est, alors, l'école du Royal Ballet ? Vous faites quoi en cours de danse ?

– C'est super difficile, confessa Emily. Rien à voir avec l'académie Franklin où nous étions les meilleures, toutes les deux. À la Lower School, tous les élèves sont excellents. Là-bas, je suis une danseuse moyenne, et ce n'est pas facile de s'y faire.

– Dur ! Et ta prof de danse ?

– Mlle Wells ? Elle est sympa, mais exigeante. Et elle a l'œil ! Elle repère le moindre petit défaut. Si ton petit doigt n'est pas dans la bonne position, elle est derrière toi en un quart de seconde pour le corriger. C'est un vrai rapace. Mais ça me plaît. J'ai énormément appris en un mois et demi.

– Génial ! Emily, ça a vraiment l'air fantastique !

– Oui, c'est le rêve…

Elle se leva pour faire une arabesque.

– En janvier, on commence les pointes, reprit-elle. Tu imagines ? Je crois que je te l'ai déjà dit dans un mail…

Mélissa acquiesça.

– J'ai hâte de te voir sur scène. J'espère qu'on aura des places sur le devant pour la première. Tu as de la chance, Emily Brown. Tu t'en rends compte, au moins ?

— Oui, affirma-t-elle, soudain redevenue sérieuse, je sais.

Si elle le savait ! Tous les matins, au réveil, c'était la première chose qu'elle se disait. Mais une pensée la tourmentait. Laura, elle, avait-elle réalisé la chance qu'elle avait d'étudier la danse à l'école du Royal Ballet ? Emily espérait qu'elle avait une amie aussi merveilleuse que Mélissa pour le lui rappeler.

Le mercredi, les Minton étaient de retour de Cornouailles. Emily ne tenait pas en place. Chloé lui avait tellement manqué ces dernières semaines. Les lettres et les conversations téléphoniques, c'était bien, mais ça ne remplaçait pas la vraie Chloé en chair et en os, si drôle et si gaie !

— On est rentrés tard hier soir, lui raconta-t-elle. Je voulais frapper à ta porte au cas où vous auriez encore été debout, mais maman s'est écriée : « Sûrement pas, Chloé Minton ! » Alors, il a fallu que j'attende ce matin. Enfin… Au fait, tu as trouvé mon mot ? Tu es libre aujourd'hui ?

— Évidemment, répondit Emily.

Elle attendait depuis si longtemps de pouvoir passer du temps avec Chloé qu'elle s'était levée aux aurores. À huit heures et demie, elle était déjà prête.

– Tu veux aller où ? demanda-t-elle à son amie.

Chloé consulta sa montre.

– Tu me donnes dix minutes ? Je vais appeler les autres pour voir où on se retrouve. Je reviens tout de suite.

Elle revint aussitôt la chercher, après avoir donné rendez-vous à ses amies dans un centre commercial d'Oxford. Elles papotèrent pendant tout le trajet en bus. Emily avait presque oublié à quel point son amie était bavarde !

– Tu vas adorer Sonia, elle est géniale. Et Léa est super marrante. Molly, elle, c'est la plus jolie de tout le collège, tu verras.

Lorsque tout le monde fut arrivé et que Chloé eut présenté Emily à Sonia, Léa, Molly, Tess, Sujinder et deux autres filles dont elle ne se rappelait même pas le nom, elles s'installèrent dans un café pour bavarder en buvant un milk-shake.

– Tu as manqué quelque chose, Chloé ! s'exclama Sonia dès qu'elles furent assises à une table. Léa, tu lui racontes ou c'est moi ?

Léa avoua en rougissant :

– Je suis allée à la patinoire avec Joshua, samedi après-midi.

Chloé poussa un cri strident.

– Quoi ? C'est pas vrai ! C'est une blague ?

– Non, répondit Léa en secouant la tête, on a fait du patin à glace ensemble, et puis…

– Et puis quoi ? Vous êtes sortis ensemble ? Tu… tu l'as embrassé ?

Chloé bafouillait sous le coup de la surprise. Elle se tourna vers Emily pour expliquer :

– Joshua est dans notre classe. Il a un faible pour Léa, c'est clair, mais elle n'a jamais voulu le reconnaître. Et maintenant…

Léa but quelques gorgées de son milk-shake.

– On doit se revoir cet après-midi, annonça-t-elle sans donner plus de précisions à propos du baiser.

– Ça alors ! s'exclama Chloé. Je quitte Oxford cinq minutes et voilà ce qui arrive. Que s'est-il passé d'autre ?

Emily commençait à se sentir un peu délaissée. La conversation passa de Joshua à la nièce de Molly, puis aux bottes neuves que Sonia voulait mettre au collège avec son uniforme, à M. Andrews, le nouveau prof de maths, qui était trop craquant.

— Désolée, Emily, fit Chloé au bout de quelques minutes. Notre conversation ne doit vraiment pas t'intéresser. Si tu nous parlais plutôt de ta vie à l'école du Royal Ballet ?

— Comment sont les garçons ? C'est vrai qu'ils portent des tutus ? voulut savoir Sonia.

— Non, répondit Emily en souriant, ils sont en justaucorps et collant.

— Vous imaginez les garçons de la classe dans cette tenue ? s'écria Molly. Paul Gibson en collant… Beurk !

— Avec ses jambes toutes maigres ! ajouta Sujinder en riant.

Emily sourit, mais dans le fond, elle aurait voulu être avec ses amies du dortoir de White Lodge, où personne ne pensait aux garçons en collant. En fait, personne ne pensait aux garçons du tout, à part en tant qu'amis. Les nouvelles copines de Chloé semblaient les considérer comme une espèce à part.

Chloé termina son verre et se leva.

— Bien, qui est partante pour un peu de

shopping ? Maman m'a donné de l'argent pour que je m'achète un nouveau haut. J'aimerais trouver quelque chose pour la fête de Mia samedi. Vous savez comment vous allez vous habiller ?

Alors que tout le monde discutait joyeusement des tenues pour la fête, Emily se pencha vers son amie.

— Chloé, je suis désolée, je dois y aller.

Ce n'était pas vrai mais elle se sentait tellement perdue au milieu de sa nouvelle bande qu'elle préférait rentrer. Elle ne connaissait pas les personnes dont elles parlaient, et elle se sentait de plus en plus inintéressante, assise là, sans pouvoir participer à la conversation.

— Déjà ? s'étonna Chloé. On vient juste d'arriver !

— Je sais, mais j'ai promis à maman de… euh… de l'aider à préparer le déjeuner.

Ça sonnait un peu faux, cependant, Chloé ne dit rien.

— Tu es sûre ? On peut se voir plus tard dans la semaine ?

— Bien sûr, répondit Emily, ce serait sympa. À plus tard.

Elle s'éclaircit la voix avant de continuer en s'efforçant de sourire :

– Ça m'a fait plaisir de vous rencontrer, les filles. Je dois partir.

En traversant le centre commercial pour retourner à l'arrêt de bus, Emily constata tristement : « Tout a changé ! En seulement un mois et demi, tout a changé. »

Emily était d'une humeur bizarre lorsqu'elle arriva chez elle.

Mais elle n'était pas la seule. Sa mère se comportait d'une drôle de façon.

– Des bagels* au saumon fumé ? s'étonna Emily en découvrant le menu du déjeuner.

Le saumon fumé était normalement réservé au repas de Noël.

– Tu as gagné au loto en mon absence ?

Amy avait un étrange sourire aux lèvres.

– Presque…, répondit-elle. Qu'est-ce que tu veux boire ?

– Euh… du lait, décida Emily en la dévisageant. Qu'est-ce qui se passe ?

---

* Petits pains ronds troués, typiquement américains.

Mme Brown déposa les deux verres de lait sur la table et s'assit en face de sa fille.

— Emily, commença-t-elle, il est arrivé quelque chose de merveilleux…

Elle attendit avant de continuer.

— Enfin, je trouve que c'est merveilleux et j'espère que tu seras du même avis, sinon… Eh bien, sinon, il faudra que je revoie mes projets. Alors je veux que tu me dises honnêtement ce que tu en penses, et…

— Ce que je pense de quoi ? Qu'a-t-il bien pu se passer ?

Sa mère avait-elle vraiment gagné au loto ? Ou lui avait-on proposé un nouveau poste à l'université ? Ou…

— Steve m'a demandée en mariage, annonça-t-elle.

Emily en resta bouche bée.

— En mariage ?

Elle fixait sa mère, stupéfaite.

— C'est assez soudain…, reprit celle-ci, l'air anxieux.

Emily essayait de digérer la nouvelle. Elle ne savait pas vraiment quoi en penser. Ça lui faisait plaisir de voir sa mère si heureuse et amoureuse, évidemment, mais… un mariage ?

— Quand est-ce arrivé ? réussit-elle à dire.

— Ce matin, répondit sa mère. Steve est passé déposer le courrier en avance et il en a profité pour me donner ça…

Elle sortit de sa poche une magnifique bague de fiançailles ornée d'un diamant. Elle sourit en se remémorant la scène.

— Il s'est agenouillé, et tout, et tout. En fait, c'était assez ridicule, Emily. J'ai eu le fou rire. Je pensais qu'il plaisantait, mais il était sincère.

— Waouh ! Et… tu lui as répondu quoi ?

Amy parut soudain gênée.

— Que je voulais d'abord t'en parler. Il est très important pour nous de savoir ce que tu en penses. Si tout ça t'ennuie, on peut continuer comme avant.

Il y eut un silence, puis Emily prit sa mère dans ses bras.

— Je suis contente pour vous ! Steve est quelqu'un de formidable. Félicitations, maman ! Appelle-le tout de suite pour lui dire que tu vas l'épouser !

Elle le pensait vraiment. Steve avait rendu sa mère heureuse, jamais elle ne l'avait vue comme ça auparavant. Ce serait forcément un peu bizarre de devenir une famille à trois alors qu'elles avaient vécu en tête à tête si longtemps, mais elle s'y habituerait.

Amy laissa échapper un profond soupir de soulagement.

— Je suis si heureuse, ma chérie, dit-elle en serrant sa fille contre elle. Je l'aime tellement, je ne pensais pas pouvoir ressentir à nouveau ça après la mort de ton père, mais voilà, c'est arrivé. Grâce à lui, je me sens… formidablement bien. Je l'appelle tout de suite !

Alors que sa mère s'installait dans le fauteuil avec le téléphone, Emily eut envie de partager cette grande nouvelle avec Chloé. En ouvrant la porte d'entrée pour aller la voir… elle tomba nez à nez avec elle !

— Devine quoi, Chloé ! s'écria-t-elle.

Et elle lui raconta tout.

— Quelle histoire ! Ils n'ont pas perdu de temps, dis donc. C'est génial.

— Maman est au téléphone avec Steve en ce moment même pour lui annoncer qu'elle accepte de l'épouser, expliqua Emily. Mais pourquoi tu venais me voir ?

Chloé baissa la tête, fixant ses pieds.

– J'étais embêtée, pour ce matin. Je voyais bien que tu te sentais exclue et je n'ai pas fait grand-chose pour t'aider. Je voulais m'excuser.

Emily la prit dans ses bras ; sa tristesse s'était complètement envolée.

– Pas de problème, la rassura-t-elle. Tu veux venir à la maison ?

– Avec plaisir.

Chloé la suivit dans son appartement, tripotant nerveusement sa montre.

– Je ne voulais pas te poser trop de questions sur ta nouvelle vie… J'avais peur que tu te sois fait des amies plus intéressantes que moi, là-bas.

Emily se mit à rire.

– Et moi, je me trouvais nulle comparée à tes nouvelles copines ! On est aussi bêtes l'une que l'autre !

– Bon, maintenant, je veux tout savoir sur l'école du Royal Ballet et je te promets que je ne serai pas jalouse, affirma Chloé.

Emily lui sourit.

– D'accord.

Cher Journal,

Ça y est, j'ai bouclé mes valises. Les vacances sont terminées. J'ai hâte de retourner à White Lodge, de retrouver tout le monde et de reprendre les cours de danse !

J'ai bien profité de mes vacances. Je suis allée faire du patin à roulettes avec Chloé, on s'est amusées comme des folles. J'ai rendu visite à Mme Franklin avec Mélissa, c'était vraiment bien. Et maman a acheté des dizaines de magazines sur le mariage qu'on a feuilletés toutes les deux en rigolant. Je serai demoiselle d'honneur, mais elle a promis de ne pas m'obliger à porter une horrible robe à froufrous !

Ce soir, elle et moi, on passe la soirée entre filles. Il y a un super film à la télé et je viens d'apercevoir un bac de glace au chocolat dans le congélateur...

9

– Salut, tout le monde ! lança Emily d'un ton enjoué en entrant dans le dortoir.

Elle se sentait vraiment chez elle ici, c'était un peu sa deuxième maison, maintenant. Grace était déjà en train de ranger ses affaires. Sophie faisait le poirier sur son lit, et Jade lui adressa un petit signe de la main. La seule personne qui manquait, c'était…

– Mais… où est Laura ? s'étonna-t-elle.

Si étrange que cela puisse paraître, elle était sincèrement déçue. Alors, finalement, Laura avait décidé de ne pas revenir à White Lodge ? Même si elles étaient très différentes l'une de l'autre, Emily se disait que le dortoir ne serait plus pareil sans elle.

– Elle n'est pas encore arrivée, expliqua Grace après avoir serré son amie dans ses bras. Alors, ces vacances ? Quoi de neuf ?

– Grande nouvelle : ma mère va se marier !

Les autres poussèrent des cris stridents. Elles voulaient tout savoir. Emily leur raconta les projets de sa mère, mais elle était un peu ailleurs. Elle gardait les yeux fixés sur la porte du dortoir, espérant que son amie allait faire son apparition. « Allez, Laura, se répétait-elle. Fais le grand saut ! Aie confiance en toi ! »

Pile au moment où elle s'était résignée à l'idée qu'elle soit restée en Irlande, la porte s'ouvrit...

– Tu es revenue ! s'écria Emily.

Laura lui sourit.

– Eh oui, je suis là !

Sophie les regarda, intriguée.

– Depuis quand êtes-vous copines, toutes les deux ?

– Oh, c'est une longue histoire, répondit Laura en échangeant un clin d'œil complice avec Emily.

– Toutes ces bagarres et ces chamailleries, c'est du passé, plaisanta celle-ci. N'est-ce pas, Laura ?

– Des chamailleries ? Des bagarres ? Entre nous ? Jamais !

Elle posa ses sacs sur son lit.

– Oh... Ça fait vraiment plaisir de vous retrouver. Vous savez quoi ? Lorsque je suis rentrée chez moi, j'étais folle de joie, ma famille m'avait tellement manqué. Eh bien, j'ai passé les vacances à me disputer avec mes frère et sœur. Surtout avec ma sœur…

— Ah bon ? s'étonna Jade. Mais pourquoi ?

— Elle avait pris l'habitude d'avoir la chambre pour elle toute seule. Et elle n'était vraiment pas contente de devoir la partager à nouveau ! C'est fou, non ? On en est presque venues aux mains !

Laura sortit des justaucorps de son sac et les contempla un moment avant de les ranger.

— Alors, me voilà. Et vous savez ce que ça signifie ?

— Non, fit Emily. Quoi ?

— Jade, toi et moi, on va jouer les enfants invités à la fête dans *Casse-Noisette* ! s'exclama Laura. Les répétitions commencent vendredi, c'est ça ?

— Cette fois, je vais essayer de ne pas te bousculer, répondit Emily en souriant.

Puis elle retint son souffle. Laura avait-elle compris que c'était une plaisanterie ? À son grand soulagement, elle éclata de rire.

— T'as pas intérêt !

– Oh que non, confirma Emily. Je n'oserais jamais !

Les cours reprirent et les répétitions de *Casse-Noisette* débutèrent. Jusqu'à Noël, le rythme allait être épuisant. Emily avait beau ne jouer que dans le premier acte, elle avait malgré tout des répétitions deux ou trois soirs par semaine.

Trois garçons de sixième, Matt, Justin et Oliver, avaient aussi été sélectionnés pour jouer les invités. Il y avait également des élèves de cinquième et de quatrième, dont Jessica, la guide d'Emily. En arrivant à la première répétition, le vendredi soir, elle la prit par la main et la fit tournoyer :

– Félicitations, Emily ! Tu t'es vraiment bien débrouillée. C'est super d'être sélectionnée pour le spectacle dès le début de ta première année ici !

Après la répétition, Emily, exténuée, retourna au dortoir.

– Ton téléphone a sonné, lui apprit Grace. Mais je n'ai pas pu décrocher à temps, désolée !

– Merci, répondit-elle en prenant son portable pour écouter le message.

Un sourire illumina son visage lorsqu'elle reconnut la voix de sa mère.

« Chérie, c'est maman. Tu ne devineras jamais. Avec Steve, on a fixé une date pour le mariage ! On a trouvé un endroit magnifique au bord de la rivière et, comme ils ont eu une annulation de dernière minute pour le 1er décembre, on a réservé tout de suite ! »

Emily n'en croyait pas ses oreilles. Le 1er décembre ? Mais c'était le jour de la première de *Casse-Noisette* !

« Je sais que c'est un peu précipité, poursuivait sa mère. Mais on s'est dit que c'était le moment idéal, étant donné que papi et mamie seront en Angleterre et que les parents de Steve seront rentrés d'Australie. Oh ! Et j'ai trouvé ma robe, une vraie merveille, et j'en ai vu une pour toi aussi. Je t'envoie un échantillon de tissu dès demain. »

Le message continuait, mais Emily n'écoutait plus vraiment.

« Sinon… Ah oui ! Juste pour que tu sois au courant : j'ai réservé les billets pour ta première, le 12. On sera tous là, onze personnes ! Moi, Steve, tes grands-parents, les parents de Steve, Mélissa, sa mère et les Minton. Ça va être une grande soirée ! Je dois y aller, je te rappelle plus tard. Je t'aime, bisous. »

Abasourdie, Emily jeta son téléphone sur son lit. Des billets pour le 12 ? Qu'est-ce que c'était que cette histoire ? Elle ne dansait même pas le 12 ! Et le mariage, le 1er décembre, mais que se passait-il ?

– Ça va ? demanda Grace qui avait vu son visage se décomposer pendant qu'elle écoutait le message.

– Non, ça ne va pas du tout.

Emily quitta le dortoir en coup de vent, sans même savoir où elle allait. Visiblement, elles s'étaient mal comprises. Sa mère pensait que la première avait lieu le 12 ! Mais comment était-ce possible ? Elle lui avait pourtant bien dit que c'était le 1er !

En sortant du bâtiment, Emily tenta de rassembler ses esprits. Elle resta un moment devant l'école, s'efforçant de ravaler ses larmes dans l'air frais de cette fin d'automne. Elle réalisa qu'elle n'avait pas répété de vive voix la date de la première à sa mère. Elle l'avait écrite dans un mail, celui qu'elle avait envoyé à tout le monde pour annoncer la grande nouvelle. Elle n'avait quand même pas…

Son cœur s'emballa. Elle n'avait pas pu se tromper de date ?

Sans plus attendre, elle courut à la salle d'informatique. D'une main tremblante, elle tapa son adresse et son code secret pour consulter les messages envoyés. « S'il vous plaît, faites que je ne me sois pas trompée ! Faites que j'ai écrit la bonne date ! »

Voilà. Elle avait retrouvé le mail qu'elle avait envoyé sous le coup de l'excitation. Elle le parcourut rapidement :

Chers tous,
Devinez quoi… J'ai une sacrée nouvelle : je vais jouer dans *Casse-Noisette* sur scène avec le Royal Ballet !
Je vous jure que c'est vrai !
Je n'arrive pas à y croire.
Je suis trooop contente ! En plus, je danse le soir de la première, le 12 décembre !

Emily se prit la tête entre les mains, accablée. Puis elle risqua un coup d'œil à travers ses doigts pour relire la dernière phrase :

En plus, je danse le soir de la première, le 12 décembre !

Oh non, non, non ! Elle avait donné la mauvaise date à tout le monde ! Son doigt avait dérapé sur les touches. Ce devait être une faute de frappe… ou une erreur d'inattention.

Emily était désespérée. Que pouvait-elle faire maintenant ? Non seulement sa mère allait se marier le jour de la première de *Casse-Noisette*, mais en plus onze personnes avaient dépensé beaucoup d'argent pour la voir danser le 12 décembre, alors qu'elle ne serait même pas sur scène ce soir-là !

Cher Journal,

Je suis vraiment trop bête ! J'ai tout gâché ! Qu'est-ce que je vais faire ? Je suis la fille la plus idiote de la Terre. Comment ai-je pu me tromper de date ? Plus question d'envoyer le moindre mail sans l'avoir lu et relu !

Qu'est-ce que je vais faire ? Qu'est-ce que je vais FAIRE ?

Je ne peux pas rater le mariage de maman. Tant pis, il va falloir que je me fasse à l'idée de ne pas danser le soir de la première. La seule solution, c'est que j'échange avec une danseuse de la distribution B, peut-être Laura… Enfin, seulement si le Royal Ballet m'y autorise. Et si Laura est d'accord, bien sûr !

Mais elle n'est pas là, elle passe le week-end chez une de ses tantes, à Londres. Je vais devoir patienter jusqu'à dimanche après-midi pour lui demander si elle veut bien danser à ma place le soir de la première.

Si elle accepte, il faudra encore que j'aille voir les directeurs de casting, Rose et Michael, pour leur expliquer mon problème.

Et si c'est bon, je vais devoir avouer à maman qu'à cause de moi, elle a dépensé une fortune dans des billets pour le mauvais soir !

Quel gâchis !

10

– Laura, je peux te parler ? J'ai un service à te demander, un immense service en fait.

Emily avait littéralement bondi sur elle dès qu'elle était entrée dans le dortoir, le dimanche après-midi.

– Bien sûr, mais… qu'est-ce qui se passe ? Ça va ? s'inquiéta-t-elle en découvrant le visage défait de son amie.

– Non, ça ne va pas du tout. J'ai vraiment besoin de ton aide, soupira Emily avant de lui expliquer ce qui était arrivé.

– Oh ! Quel cauchemar !

– Oui, c'est l'horreur. Alors je me demandais si tu serais d'accord pour danser à ma place le 1er décembre. Et moi, je te remplacerais le lendemain. Si Rose nous le permet, bien sûr.

Laura écarquilla les yeux.

– Tu es sérieuse ? Tu veux que je danse à ta place le soir de la première ?

Elle poussa un cri de joie.

– Évidemment que je suis d'accord ! Échanger ton samedi soir contre ma matinée de dimanche ? Un peu que je suis d'accord !

Quel soulagement ! Mais, pour Emily, ce n'était que la première étape. Maintenant, il fallait affronter les directeurs de casting et leur dire qu'elle s'était trompée. Et cette perspective la terrorisait. Rose et Michael leur avaient répété plusieurs fois que le spectacle devait passer avant tout si elles envisageaient de faire carrière dans la danse.

Elle fit part de ses angoisses à Laura, qui lui prit la main en décrétant d'une voix décidée :

– On ira les voir toutes les deux, demain.

Encore une nuit à attendre ! Emily n'était pas sûre de pouvoir le supporter…

Le lendemain matin, après le cours de danse, Laura et Emily se rendirent directement au bureau du directeur de la Lower School pour lui demander le numéro de téléphone de Rose. Mais, coup de chance, la directrice de casting se trouvait justement dans le bureau, fronçant les sourcils devant une pile de dossiers.

– Bonjour, les filles, s'exclama-t-elle en voyant arriver Laura et Emily, tout essoufflées. Si vous cherchez M. Knott, il est…

– Non, la coupa Emily. En fait, c'est vous qu'on cherchait.

Rose les regarda d'un air interrogateur.

– Asseyez-vous, dans ce cas. Tout va bien ?

– Non, pas vraiment, confessa Emily. Ma mère se marie le jour de la première, alors que je suis censée être sur scène !

– Ahh ! fit Rose en posant son stylo.

– Je suis vraiment désolée, je vous promets de danser tous les autres soirs, et je sais que le spectacle doit passer en premier, mais je ne peux pas manquer la cérémonie et…

– Évidemment ! s'écria Rose, épouvantée. Il n'est pas question que je te demande de danser le soir du mariage de ta mère !

– Vraiment ?

– Absolument ! Je suis une directrice de casting, pas une sorcière cruelle et sans cœur !

Rose éclata de rire en voyant le soulagement se peindre sur le visage d'Emily.

– Ne t'inquiète pas, continua-t-elle. Nous trouverons une doublure pour te remplacer. C'est à ça que ça sert !

Emily avait l'impression qu'on lui avait enlevé un poids énorme des épaules.

– Donc, ça… ça ne vous embête pas trop ?

– Mais pas du tout, la rassura Rose, en sortant la liste des rôles de son sac. Voyons…

Elle passa en revue les noms de la distribution B, puis leva la tête pour regarder Laura.

– Ah ! Je crois deviner pourquoi tu es là !

Celle-ci lui fit un grand sourire.

– On se demandait s'il serait possible d'échanger, expliqua Emily. Laura danserait le 1er, et moi, le 2.

La directrice de casting acquiesça.

– Je n'y vois aucun inconvénient, si elle est d'accord.

– J'adorerais danser le 1er ! répondit-elle, aux anges.

– Parfait. Eh bien, voilà qui est réglé, conclut Rose. Je vais juste faire une note pour prévenir tout le monde. Et je vous remercie de travailler aussi dur pendant les répétitions. On a eu raison de vous choisir, toutes les deux.

Emily se sentait beaucoup mieux, elle avait enfin retrouvé le sourire.

– Rose, intervint Laura, Emily a un autre problème. Sa famille a réservé des places pour le 12 décembre par erreur… et il leur en faudrait pour le 2, en fait. Vous savez peut-être si quelqu'un pourrait nous aider à trouver une solution.

Emily lança un regard paniqué à son amie. Elle n'avait pas du tout prévu de parler des billets !

Rose eut un petit rire.

– Oh, ma pauvre ! Quel week-end tu as dû passer ! Je peux appeler Alison, une amie à la billetterie de l'Opéra, si vous voulez ? Elle pourra sûrement arranger ça.

– Oh oui ! S'il vous plaît ! s'exclama Emily en croisant les doigts. Il me faudrait onze places pour le 2, si c'est possible.

Rose était déjà en train de composer le numéro.

– Alison ? Salut, c'est Rose… Très bien, merci. En fait, je t'appelais pour te demander un petit service. Pourrais-tu regarder si *Casse-Noisette* est complet le 2 décembre ?

Emily, inquiète, essayait de suivre la conversation. Laura serra sa main très fort dans la sienne alors qu'elles attendaient la réponse d'Alison. Soudain, Rose leva le pouce pour leur signifier que c'était bon.

– Il reste des places ? Peux-tu bloquer onze sièges côte à côte, s'il te plaît ? Les meilleurs possibles, ajouta-t-elle en faisant un clin d'œil à Emily. Et pourras-tu rembourser des billets achetés pour le 12 ? Parfait.

Lorsque Rose raccrocha, Emily faillit fondre en larmes de soulagement.

– Voilà, c'est réglé ! Et ce seront aussi de très bonnes places.

Emily avait envie de se jeter au cou de la directrice de casting mais elle se retint.

– Merci, dit-elle dans un souffle. Vous venez de me sauver la vie.

Une fois qu'Emily se fut remise de toute cette histoire (quel drame pour une malheureuse faute de frappe !), et qu'elle eut appelé sa mère (qui lui confirma que oui, tout le monde pourrait venir le 2 et que, miracle !, ils avaient des places bien meilleures), elle ne vit pas passer le reste du mois de novembre.

– Plus que trois semaines ! se répétaient les filles. Plus que deux semaines ! Plus qu'une !

Lorsque Emily reçut son costume pour le ballet, le rêve devint palpable. Sa robe était rouge vif et argent, et elle avait des rubans rouges dans les cheveux. Jade était en bleu pâle, et Laura en vert. Matt et les autres garçons portaient des vestes brodées et de drôles de pantalons courts, comme ceux des golfeurs, qui provoquèrent pas mal de fous rires.

La semaine précédant la première, ils se rendirent à l'Opéra royal de Londres pour la répétition en costumes. La scène était très grande et très impressionnante. Emily fut surprise de découvrir à quel point il était différent de danser sur scène, plutôt que dans un studio entre quatre murs rassurants. Chaque fois qu'elle faisait un pas, elle prenait conscience de l'immensité de la salle et de la foule de personnes qui allaient venir la regarder danser !

– La prochaine fois qu'on montera sur cette scène, ce sera pour le grand jour, remarqua Jade après la répétition.

Emily sentit un délicieux frisson courir le long

de son dos. C'était presque trop beau (et trop angoissant) pour être vrai.

Le jour du mariage, le soleil brillait dans un ciel d'un bleu glacé.

– On va avoir une belle journée d'hiver, s'exclama gaiement la mère d'Emily en regardant par la fenêtre. Je suis tellement heureuse ! Tu te rends compte, je me marie aujourd'hui ! J'ai l'impression d'avoir vingt ans.

– Maman, j'espère que tu n'es pas en train de pleurer, la taquina Emily en la voyant se moucher.

– Juste un peu, mais seulement de joie, répondit-elle, en larmes. Oh, ma chérie, je n'arrive pas à y croire !

La grand-mère d'Emily, qui entrait dans la pièce juste à ce moment-là, la pressa un peu, d'un air faussement sévère :

– Amy Brown, tu ferais mieux de te bouger les fesses. Si belle que tu sois en pyjama, je pense que tes invités préféreraient te voir dans ta robe de mariée.

Emily se mit à rire lorsque sa mère, consultant sa montre, poussa un cri et fila dans la salle de bains.

— C'est chouette de vous avoir à la maison, papi et toi, dit-elle en glissant sa main dans le cou de sa grand-mère comme elle avait l'habitude de le faire petite. C'est le plus beau des cadeaux de Noël.

Sa grand-mère l'embrassa sur le front.

— Nous n'aurions manqué ça pour tout l'or du monde.

« Et moi donc ! » pensa Emily quelques heures plus tard en entrant dans la mairie sur les pas de sa mère.

Elle était magnifique dans sa robe toute simple, couleur ivoire, un bouquet de roses blanches à la main. Aux premières notes de *Here comes the Bride**, Emily avait déjà complètement oublié tous les soucis de ces dernières semaines. *Casse-Noisette* et l'Opéra royal de Londres lui semblaient à des années-lumière.

— Je vous déclare unis par les liens du mariage. Vous pouvez embrasser la mariée.

Alors que Steve se penchait pour embrasser Amy, Emily se serra contre son grand-père. L'espace d'une seconde, elle fut un peu triste que sa mère ne soit plus sa maman à elle toute seule. Mais, ensuite, en

---
* « Voilà la mariée ! »

voyant son visage resplendissant, elle chassa cette pensée de son esprit. Sa mère paraissait tellement heureuse. C'était tout ce qui comptait.

Sa grand-mère se moucha discrètement, les yeux brillants de larmes. Elle prit la main d'Emily pour lui murmurer d'une voix pleine de fierté :

– Elle est belle, n'est-ce pas ?

– Magnifique ! lui répondit Emily en serrant sa main dans la sienne.

Son grand-père lui fit un clin d'œil.

– Presque aussi belle que notre petite-fille, ajouta-t-il. Nous sommes extrêmement fiers de vous deux.

– Oh, papi ! s'exclama-t-elle en rougissant.

Elle lissa du plat de la main sa robe de demoiselle d'honneur rose pâle. Sa mère avait vraiment bien choisi, elle était superbe, avec son ample jupon et les petites fleurs brodées sur le corset. Le coiffeur, qui était venu chez les Brown le matin même, avait entrelacé des boutons de rose dans leurs chignons… Emily avait l'impression d'être une vraie princesse !

Amy et Steve signèrent le registre, puis remontèrent l'allée pour quitter la pièce. Les grands-parents d'Emily allèrent discuter avec les parents de Steve. Emily se retrouva un instant seule et *Casse-Noisette* lui revint à l'esprit. La distribution A – et Laura – devait être en train de répéter pour la dernière fois en ce moment même. Le spectacle commencerait dans quelques heures à peine…

– Emily, la Terre appelle Emily!

Revenant brusquement à elle, elle sourit à Chloé qui tournoyait juste sous son nez. Elle portait une robe rouge et des chaussures vernies noires.

– Salut, Clo. Dis donc! C'est bien la première fois que je te vois en robe.

Elle aperçut alors Mélissa à l'autre bout de la salle. Elle était aussi très belle dans sa robe mauve.

– Tu peux parler! répliqua Chloé en riant. Je ne suis pas en robe de demoiselle d'honneur, moi! Je voulais me mettre en jean, mais maman s'en est mêlée. Emily, tu vas m'apprendre quelques pas de danse, hein? ajouta-t-elle en esquissant une pirouette.

Emily éclata de rire.

– Tu as déjà vu des danseurs classiques à une soirée? C'est une catastrophe! On est beaucoup trop raides pour danser sur de la musique moderne. Par contre, je veux bien que tu me montres, toi !

Chloé passa son bras autour des épaules de son amie alors qu'elles quittaient la mairie pour l'hôtel où se déroulait la réception, juste à côté.

– Ça me fait plaisir de te revoir.

– Et moi donc ! renchérit Emily. Vraiment, vraiment plaisir !

Après le repas, puis les discours de Steve et de son garçon d'honneur, tout le monde se leva pour danser. Emily s'amusait tellement avec Chloé et Mélissa qu'elle oublia un moment *Casse-Noisette*.

Au bout de quelques heures, son portable sonna. C'était Laura, comme promis.

– Alors, comment ça s'est passé ? Tu as bien dansé ? la questionna Emily sans prendre le temps de lui dire bonjour.

Elle entendit Laura éclater de rire à l'autre bout de la ligne.

– Bonjour, Emily. Moi aussi, ça me fait plaisir de t'entendre. Oh… C'était grandiose. Vraiment génial ! Je suis encore sous le choc. J'ai hâte que ce soit ton tour demain. C'était tellement bien ! Tu vas adorer !

Juste au moment où elle raccrochait, Emily entendit son morceau préféré. Chloé se trémoussait sur la piste en compagnie des sœurs de Steve. Elle la rejoignit et se mit à danser, aussi légère que l'air. Elle était contente que Laura ait passé une bonne journée, car elle aussi ! Et en plus, demain, ce serait son tour de monter sur scène. Elle espérait juste qu'elle danserait aussi bien que Laura. Il fallait qu'elle soit digne de sa doublure qui, visiblement, avait placé la barre très haut !

Chloé la prit par la main pour la faire danser.

– Heureuse ? lui demanda-t-elle.

– Super heureuse !

11

Emily était en coulisses, vêtue de son costume de scène – sa robe rouge et sa cape –, maquillée par une professionnelle et les cheveux bouclés en jolies anglaises. Elle s'était souvent demandé si elle aurait le trac au moment d'entrer en scène mais, maintenant qu'elle y était, elle était simplement tout excitée. Alors qu'elle se préparait, tout à l'heure, on lui avait livré un énorme bouquet de la part de sa mère et de Steve, et elle avait reçu des appels de Chloé et de Mélissa qui lui avaient souhaité bonne chance.

Elle pensa aux spectateurs, assis dans leurs fauteuils, qui feuilletaient les programmes et papotaient en attendant le début du spectacle. Elle avait entendu les musiciens accorder leurs instruments dans la fosse, juste devant la scène. Et maintenant, elle était là, avec le reste de la troupe, sur le point d'entrer sur la scène de l'Opéra... et ce n'était pas un rêve, c'était pour de vrai !

Son cœur battait la chamade. « Plus qu'une minute, se répétait-elle. Je vais entrer en scène derrière Jessica. Je vais danser avec le Royal Ballet ! »

Matt, qui était juste derrière elle, lui donna un coup de coude.

– Bon, je te dis m... ! lui souffla-t-il.

– Oh, ben, c'est sympa, répliqua Emily. Merci de m'insulter !

– Mais non, idiote, je voulais...

– Je sais, le coupa-t-elle. Je plaisantais. Je...

– C'est à nous, murmura soudain Jessica.

Emily, Matt, Justin, Jessica et tous les autres entrèrent en scène pour jouer les enfants invités à la fête que donnaient les grands-parents de Clara. La lumière des projecteurs était si éblouissante que, pendant une seconde, Emily paniqua à l'idée de ne pas voir où elle allait.

Daniel, un garçon de troisième, jouait le rôle du majordome qui devait les débarrasser de leurs manteaux. Chaque enfant lui donna sa cape et avança en faisant des pirouettes. Emily inspira un bon coup en passant sa cape à Daniel, puis s'envola en tournoyant, le cœur battant. Elle avait réussi !

Daniel le majordome, qui disparaissait petit à petit sous la pile de manteaux, agita les bras de manière comique, mimant la panique. Emily commença à se détendre lorsqu'elle entendit des gloussements dans le public. Pour le moment, tout allait bien.

Une fois débarrassés de leurs manteaux, les enfants étaient invités à se rendre dans le petit salon pour recevoir leurs cadeaux et découvrir les décorations du sapin de Noël. C'était la scène préférée d'Emily. Alors que la douce musique montait en crescendo et que les premières guirlandes s'allumaient, elle réalisa qu'elle avait les larmes aux yeux. Elle se souvenait de la petite fille qu'elle avait été et qui, découvrant le spectacle de *Casse-Noisette*, avait rêvé d'être un jour sur scène au milieu des enfants.

« Ça y est, se dit-elle. Et j'avais raison, c'est merveilleux. C'est une sensation fantastique ! »

Le reste du spectacle se déroula comme dans un rêve. C'était extraordinaire de danser devant tant de monde, tout en sachant que, au beau milieu de la foule, sa mère, Steve, ses grands-parents, Chloé et Mélissa avaient les yeux rivés sur elle. Elle se demandait combien de petites filles la regardaient danser, en espérant un jour monter sur scène, comme elle. C'était magique !

Elle ne vit même pas la fin du ballet arriver. Le tonnerre d'applaudissements était assourdissant. Emily ne tenait plus sur ses jambes et, l'espace d'un instant, elle crut qu'elle serait incapable de revenir sur scène pour le salut final. Mais elle y arriva. Elle se tint aux côtés de Matt et des autres sur une ligne, pour faire sa révérence avec toute la troupe. Et les applaudissements ne faiblissaient pas ! Sa mère ne pouvait quand même pas faire autant de bruit !

Lorsqu'elle regagna tant bien que mal les coulisses, Laura l'attendait, un sourire resplendissant aux lèvres.

– Bravo, tu as réussi ! Tu es une star, Emily !

– J'ai réussi ! répondit-elle, étourdie et morte de fatigue. Et toi aussi. Nous sommes toutes les deux des stars !

– Si tu savais comme je suis heureuse de ne pas avoir quitté la Lower School, lui dit Laura. Merci, Emily !

Emily plongea ses yeux dans ceux de son amie, qui semblait au bord des larmes.

– Je t'en prie. Je suis heureuse que tu sois toujours là, moi aussi.

Cher Journal,

Aujourd'hui, j'ai dansé avec la troupe du Royal Ballet à l'Opéra de Londres ! Moi, Emily, une fille de Chicago ! Je n'arrive toujours pas à réaliser. J'ai l'impression que je suis en train de rêver et que quelqu'un va me réveiller. En tout cas, c'est le plus beau rêve de ma vie.

C'était génial ! J'ai adoré. Et dire que je vais recommencer, encore et encore !

La vie est fantastique ! Je suis la fille la plus chanceuse de la Terre. J'ai passé un premier trimestre extraordinaire à l'école du Royal Ballet. J'ai hâte de voir à quoi va ressembler le deuxième trimestre !

Bon, j'y vais, je meurs de faim, moi, après tout ça.

Emily Brown, impatiente de remonter sous les feux de la rampe !

ABC de la danse

Méthode du Royal Ballet : programme d'enseignement étalé sur huit ans basé sur une méthode élaborée par l'école du Royal Ballet pour former des danseurs ayant une technique classique pure et solide.

Arabesque (de l'italien « arabesco » : motif ornemental à la manière arabe) : pose en appui sur une jambe, le corps bien droit, pendant que l'autre, tendue en arrière, est levée à la hauteur (c'est-à-dire de manière à former un angle droit avec la jambe de terre).

Balancé : pas sur trois temps, le plus souvent de côté, qui se caractérise par le transfert du poids du corps d'un pied sur l'autre.

Barre : longue pièce de bois horizontale fixée au mur servant d'appui aux danseurs pour les exercices d'échauffement et d'assouplissement (ce qu'on appelle « le travail à la barre »).

Battement : lancé vif de la jambe libre à partir d'une des cinq positions. Il existe de nombreuses variétés de battement, entre autres, le grand battement, le petit battement, le battement frappé.

Bras en première position basse (dite aussi position préparatoire) ou « bras bas » : les bras sont gracieusement arrondis à la hauteur du pubis de manière à maintenir un petit espace entre les doigts.

Chassé ou pas chassé : pas de déplacement où une jambe glisse sur le côté, en avant ou en arrière, vite rejointe par l'autre.

Cou-de-pied : partie supérieure du pied (ce qu'on appelle aussi, sans doute improprement, la « cambrure » du pied). L'expression « sur le cou-de-pied » désigne aussi une position où le pied pointé de la jambe fléchie vient se poser sur la malléole (la saillie osseuse de la cheville) de la jambe d'appui.

Croisé : une des huit orientations du corps du danseur par rapport au public. Dans le croisé, il se présente de trois-quarts, sur une diagonale, de façon à ce que la jambe de devant cache en partie la jambe de derrière.

Dégagé : mouvement de la jambe libre, très tendue, avec pointe piquante, qui passe d'une position fermée (première, troisième ou cinquième) à une position ouverte (seconde ou quatrième) en frottant le sol.

Demi-plié : légère flexion des genoux, qui restent bien au-dessus des orteils, sans décoller les talons du sol.

Développé : mouvement lent dans lequel la jambe libre monte en retiré le long de la jambe de terre pour se déployer (devant, derrière ou à la seconde) jusqu'à extension complète.

Échappé : mouvement vif qui commence en cinquième position et consiste en une ouverture simultanée des deux jambes à la seconde au moyen d'un glissé ou d'un sauté.

Fondu : terme qualifiant un mouvement avec demi-plié progressif sur la jambe d'appui suivi d'une remontée en douceur.

Fouetté : mouvement vif et vigoureux par lequel le danseur raccourcit (c'est-à-dire replie) la jambe libre dégagée en l'air et qui implique un changement de direction. Il existe un grand nombre de variantes.

Glissade : pas de parcours et de liaison qui consiste en un dégagé glissé de la jambe libre avec transfert de poids et se termine toujours en plié.

Grand battement : lancé vif de la jambe tendue en l'air, à la hauteur (à angle droit) ou à la grande hauteur, dont le danseur contrôle ensuite la descente.

Grand plié : flexion maximum des genoux pendant laquelle les talons quittent le sol (sauf en seconde où le pied reste à plat).

Pas de bourrée : pas de liaison composé de trois petits pas rapides sur la demi-pointe précédés d'un plié.

Pas de valse : pas glissé à trois temps (avec accentuation sur le premier temps de la mesure), qui s'accompagne d'un mouvement tournant.

Saut de chat ou pas de chat : gracieux saut de côté consistant en un retiré à la cheville de chacune des deux jambes successives puis en un temps de suspension pendant lequel elles sont toutes les deux repliées, évoquant alors la forme d'un diamant. Le danseur se reçoit sur une seule jambe, bientôt rejointe par l'autre.

Petit battement : passage très rapide du pied pointé de la jambe libre de l'avant à l'arrière ou de l'arrière à l'avant de la cheville de la jambe de terre.

Pirouette : tour complet du corps en appui sur une seule jambe.

Plié : flexion plus ou moins profonde des genoux. Il en existe deux sortes : les demi-pliés et les grands pliés.

Pointe : faire des pointes, danser sur pointes, c'est passer des demi-pointes, chaussons de danse souples, aux pointes, chaussons à bout dur renforcé en forme de cône, qui permettent aux danseuses de rester en équilibre sur l'extrémité des orteils.

Relevé : montée sur pointes ou demi-pointes d'une jambe tendue ou des deux.

Retiré : mouvement qui consiste à faire glisser le pied de la jambe libre le long de la jambe d'appui (ou jambe de terre) pour le monter à la hauteur du genou (ou de la cheville).

Révérence : geste de salut consistant en un plié des genoux et exécuté à la fin du cours en signe de remerciement et de respect.

Sauté : envolée de deux pieds sur deux.

Sissonne ou « pas de ciseaux » : saut de deux pieds sur un caractérisé par un déplacement en avant, en arrière ou sur le côté. Il comporte de nombreuses variantes.

Temps levé : petit saut d'un pied sur le même qui sert à donner de l'élan pour le pas suivant.

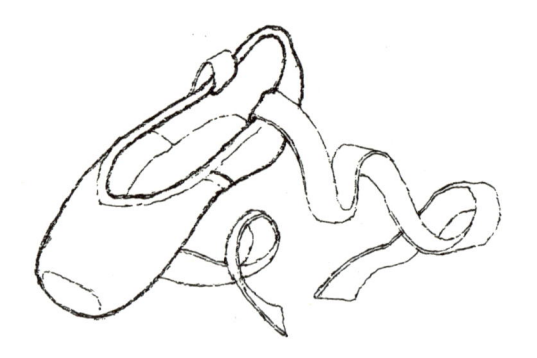

Dans la même série, tu peux lire :
Danseuse à l'école du Royal Ballet
1. L'audition

Emily, dix ans, débarque tout juste des États-Unis pour s'installer en Angleterre. Un peu inquiète à l'idée de commencer une nouvelle vie dans une ville où elle ne connaît personne, elle est aussi folle de joie de pouvoir continuer ses cours de danse. La date fatidique du concours d'entrée à l'école du Royal Ballet approche.

Sera-t-elle reçue et pourra-t-elle réaliser le rêve de sa vie : devenir danseuse ?